HUNDERT JAHRE
DEUTSCHE LUFTFAHRT

Otto Lilienthal beim Gleitflug. Ölgemälde aus den zwanziger Jahren von Hans Richter.

HUNDERT JAHRE DEUTSCHE LUFTFAHRT

LILIENTHAL UND SEINE ERBEN

BERTELSMANN LEXIKON VERLAG / MUSEUM FÜR VERKEHR UND TECHNIK BERLIN

Hundert Jahre deutsche Luftfahrt
– Lilienthal und seine Erben –

Herausgegeben vom Museum für Verkehr und
Technik Berlin (MVT)

anläßlich der Ausstellung »Lilienthal und
seine Erben – Traum und Trauma der deutschen
Luftfahrt« im Hamburger Bahnhof, Berlin,
August bis November 1991

Mit 182 Abbildungen, davon 38 in Farbe

Bertelsmann Lexikon Verlag GmbH
Gütersloh / München 1991

© Texte: Bertelsmann Lexikon Verlag GmbH
© Fotos: wie im Bildnachweis vermerkt
© Bastelbogen: Verlag J. F. Schreiber GmbH,
    Esslingen

Koordination: Cay Friemuth

Text- und Bildredaktion: Dieter Lang

Redaktionelle Mitarbeit: Sibylle Auer

Farbfotografie: Clemens Kirchner, MVT

Bildbeschaffung:
Jörg Schmalfuß, MVT
Marga Hünerbach, Deutsche Lufthansa
Sabine Geese, Prisma Publishing

Grafische Gesamtgestaltung und Herstellung:
Regelindis Westphal

Satz: Satzinform, Berlin

Lithografie: O.R.T. Offset Reprotechnik
Kirchner & Graser, Berlin

Druck und Verarbeitung:
Druckhaus Hentrich GmbH, Berlin

ISBN 3-570-07060-3
Printed in Germany

Titelbild:
Werbeplakat der
Lufthansa, 1937.
Lilienthal im Gleit-
flug mit seinem
großen Doppeldecker,
19. Oktober 1895.

Rückseite:
Titelblatt einer Luft-
hansa-Broschüre,
1937

VORWORT

*»Es wird seinen ersten Flug nehmen
der große Vogel
vom Rücken des Hügels aus,
das Universum mit Verblüffung
alle Schriften mit seinem Ruhme füllen.
Und ewige Glorie dem Ort,
wo er geboren ward.«*

Diese Worte Leonardo da Vincis aus dem Jahr 1497 sind eingegraben in das Denkmal Lilienthals in Berlin-Lichterfelde. Mit seinen nachdenklichen Berechnungen des Vogelflugs, seinen konstruktiven Entwicklungen und seinen todesmutigen und schließlich todbringenden Flugversuchen machte Otto Lilienthal nach jahrtausendlangen Träumen und jahrhundertlangen Fehlversuchen Berlin seit 1891 zu einer Keimzelle der Flugtechnik.

Dabei sah der sozial engagierte Otto Lilienthal sein Werk nicht als Sport oder spannendes Spiel tollkühner Männer in ihren fliegenden Kisten, sondern als Anfang eines weltumspannenden grenzenlosen Friedens.

Die utopisch anmutende Beschreibung des aus dem Luftverkehr erwachsenden Endes allen Krieges wirkt heute, da einerseits die Grenzen in Deutschland und Mitteleuropa sich öffnen, andererseits aber der Nahe Osten durch einen unvergleichlichen Luftkrieg erschüttert worden ist, wie eine traumwandlerische Vision oder ein traumatischer Irrtum: »Die Grenzen der Länder würden ihre Bedeutung verlieren, weil sie sich nicht mehr absperren lassen! Die Unterschiede der Sprachen würden mit der zunehmenden Beweglichkeit der Menschen sich vermischen. Die Landesverteidigung, weil zur Unmöglichkeit geworden, würde aufhören, die besten Kräfte der Staaten zu verschlingen, und das zwingende Bedürfnis, die Streitigkeiten der Nationen auf andere Weise zu schlichten, als den blutigen Kämpfen um imaginär gewordene Grenzen, würde uns den ewigen Frieden verschaffen« – so schrieb Lilienthal 1894 an den Oberstleutnant von Egidy.

»Hundert Jahre Menschenflug – Traum und Trauma der deutschen Luftfahrt« ist das Motto der Ausstellung, mit der Berlin dieses wohl bedeutendsten Flugpioniers gedenkt. Denn schon wenige Jahre, nachdem Lilienthal nicht nur den uralten Traum vom Fliegen verwirklicht hatte, sondern auch den ebenso alten Traum vom ewigen Frieden in Erfüllung gehen sah, verlor auch das Fliegen wie alles Menschenwerk seine Unschuld, die »Ritter der Lüfte« verwandelten das Flugzeug zum Jäger und Bomber.

Wie keine andere Stadt der Welt spiegelt Berlin Traum und Trauma deutscher Luftfahrt vom Fliegeberg Lilienthals in Steglitz bis zum Trümmerberg des Krieges im Grunewald, vom »Luftkreuz Europas« in der Glanzzeit der Lufthansa bis zur Luftbrücke der Alliierten im Kalten Krieg, vom Aufstieg der glanzvollen Flugpioniere an den Kunstflugtagen bis zum jämmerlichen Zusammenbruch kindlicher Flakhelfer im Bombenhagel.

Buch und Ausstellung zeigen die wichtigsten Etappen dieser Fluggeschichte im Brennspiegel Berlin.

Beide, Buch und Ausstellung, gehören zusammen, doch beide zeigen dasselbe verschieden. Die Ausstellung wäre schlecht gemacht, bedürfte sie zum Verständnis des Buches. Und das Buch wäre schon bald überflüssig, beschriebe es nur die Ausstellung. Verflechtung zwischen den beiden sind die Menschen: Die gleichen Autoren, die in der Ausstellung versuchen, einige Kapitel der Fluggeschichte szenisch und dramaturgisch zu verdichten und zu pointieren, schrieben oder berieten auch die entsprechenden Kapitel des Buches, die dasselbe ausführlicher berichten und illustrieren, um die Ausstellung selbst vor unerträglich langen Wandzeitungen zu bewahren.

Und wenn gleichzeitig mit der Ausstellung der Flugzeuge und der Vorstellung des Buches Berlin den Grundstein legt für die neue Luftfahrthalle im Museum für Verkehr und Technik, dann feiert nicht nur das ehemals größte europäische Luftfahrtmuseum, die »Deutsche Luftfahrtsammlung Berlin«, endlich Wiederauferstehung, sondern dann entsteht auch die bleibende Gedenkstätte für den Mann, dessen Hundertjahrfeier ihn wieder ins Weltbewußtsein ruft: Otto Lilienthal.

Prof. Günther Gottmann

INHALT

KURZBIOGRAPHIE

Persönliche Daten
Name: Karl Wilhelm *Otto* Lilienthal
Geboren: 23. Mai 1848 in Anklam
(Vorpommern)
Verheiratet: seit 1878 mit
Agnes Fischer, vier Kinder
Gestorben: 10. August 1896 in
Berlin an den Folgen eines
Absturzes einen Tag zuvor am
Gollenberg bei Stölln

Ausbildung
1856–1864 Besuch des
Gymnasiums in Anklam
1864–1866 Besuch der
Provinzialgewerbeschule in
Potsdam, Abitur »Mit
Auszeichnung« bestanden
1866–1867 Maschinenbau-
praktikum bei der Firma
Louis Schwartzkopff in Berlin
1867–1870 Studium an der
Königlichen Gewerbe-Akademie
in Berlin, für vorbildliche Leistungen
mit einem Stipendium
ausgezeichnet.

Militärdienst
1870–1871 Kriegsteilnehmer als
Einjährig-Freiwilliger bei den
Garde-Füsilieren; spätere
Reserveübungen

Berufsarbeit
1871–1872 Beginn der
Berufstätigkeit in der
Maschinenfabrik von Weber
in Berlin
1872–1881 Konstruktionsingenieur
in der Maschinenfabrik von
Carl Hoppe in Berlin
1879 Mit Bruder Gustav
Entwicklung des Steinbaukastens.
Nach Verkauf des Verfahrens
entwickelte die Firma Adolf Richter
in Rudolstadt/Thüringen daraus die
weltberühmten Steinbaukästen.
1881 Eröffnung einer
Maschinenfabrik in Berlin,
Köpenickerstraße

Spezialkenntnisse
– Nach 23jähriger experimentell-
theoretischer Arbeit – unterstützt
von Bruder Gustav – 1889
Veröffentlichung des Buches
*Der Vogelflug als Grundlage der
Fliegekunst*
– Als technischer Gutachter im
Deutschen Verein zur Förderung
der Luftschiffahrt mit dem
internationalen Entwicklungsstand
der Luftfahrttechnik vertraut
– Erfahrungen durch langjährige
planmäßige Versuche mit
Flugapparaten eigener
Konstruktion, von 1891 an mit
Ein- und Doppeldeckern über 2000
Gleitflüge, bis 250 Meter weit
– Erkenntnisse über das Verhalten
in der Luft und über die Steuerung
von Apparaten im Flug
– Serienproduktion und Verkauf
von Gleitflugapparaten
– Propagierung gewonnener
Erkenntnisse durch Vorträge und
Veröffentlichungen in Zeitschriften
im In- und Ausland. Erstmals Fotos
eines fliegenden Menschen
– Umfangreiche Korrespondenz,
Besuche von Fachleuten aus vielen
Ländern, so von Prof. Samuel P.
Langley, Sekretär der Smithonian
Institution in Washington, von
Prof. Nikolai J. Schukowski,
Mathematiker und späterer
Aerodynamiker aus Moskau, und
von Percy S. Pilcher, Marineoffizier,
der in England einen
Lilienthalgleiter nachgebaut hat
– Einblicke in die Notwendigkeit
sozialer und kultureller Reformen.
Einführung der Gewinnbeteiligung
in der eigenen Maschinenfabrik
– Mit der Konzeption und einem
ersten Prototyp für einen
Modellbaukasten wichtiger Schritt
zur Entwicklung des
Konstruktionsspielzeugs
– Leitung des »Ostend-Theaters« in
Berlin, Große Frankfurter Straße.
Auftritte als Schauspieler, Autor des
Theaterstücks *Moderne Raubritter*.

Michael Waßermann

OTTO LILIENTHAL –
EIN LEBEN FÜR EINEN MENSCHHEITSTRAUM

Das lebende Vorbild – der freie Vogelflug – regte zu allen Zeiten Bastler und Träumer dazu an, diese Fortbewegung im freien Luftraum auch für die Menschheit zu ermöglichen. Allen Sagen und Legenden ist gemeinsam, daß sie von begabten Erfindern, meist Handwerkern, erzählen, die Apparate zur Nachahmung des Vogelflugs bauten. Die Motive für den Wunsch nach einem Fluggerät waren dabei ebenso vielfältig und widersprüchlich, wie es die Benutzung des Flugzeugs heute, im hundertsten Jahr seiner Existenz, ist.

Fliegende Menschen

In der zweiten Hälfte des 19. Jahrhunderts erhielten die Bemühungen, ein Fluggerät zu konstruieren, neue Impulse. Nach Jahrzehnten vergeblicher Mühe war der Ballonaufstieg immer noch ein Spielball des Windes. Nun versuchten in vielen Ländern Europas technische Vereine die Lösung des Flugproblems gemeinsam voranzutreiben.

Die Frage: wird der »steuerbare Ballon«, das Luftschiff oder die »dynamische Flugmaschine« (also das Flugzeug) das Luftfahrtgerät der Zukunft sein, erhitzte die Debatten der Erfinder und Konstrukteure. Ballonfahrer, Luftschiffer oder Flugmaschinenbauer – ein jeder war von der alleinigen Richtigkeit seines Vorhabens überzeugt.

Neu war, daß die Flugzeugkonstrukteure massiv und differenziert Unterstützung von Ornithologen und Physiologen erhielten. Der Technologe Johann Joseph Prechtl, Direktor des Polytechnischen Instituts in Wien, war es, der 1846 in seinen *Untersuchungen über den Flug der Vögel* nachwies, daß für den Zweck der Ortsveränderung die Muskelkraft der Vögel diejenige der übrigen Tiere nicht überschreitet: »Was für die Ortsveränderung beim Menschen die Schenkel sind, sind beim Vogel die Arme, daher hier wie dort die stärksten Muskeln.«

Damit waren die Erkenntnisse des italienischen Naturforschers Alfonso Borelli (1608–1679) nicht widerlegt. Dieser hatte in seinem Werk *De motu animalium* (Die Fortbewegung der Tiere, 1680/81) nachgewiesen, daß die Brustmuskeln des Menschen viel schwächer als die der Vögel sind. Also werde der Mensch nie mit Armschwingen fliegen können. Die Arbeit von Prechtl gab nun *den* Flugtechnikern Auftrieb, die mit Hilfe der Beinkräfte zu fliegen versuchten.

Als dann der Engländer Bell Pettigrew 1875 in seinem Buch *Die Ortsbewegung der Thiere und Bemerkungen über Luftschiffahrt* Borellis Vorstellungen vom Flügelschlag der Vögel widerlegte, beschäftigten sich auch Techniker mit den Einzelheiten des Vogelflugs. Sie versuchten nun, das Rudern, Gleiten, Schweben, Segeln und Kreisen der Vögel mit Hilfe spezieller technischer Konstruktionen nachzuahmen.

Freunde und Mitstreiter Otto Lilienthals im 1881 gegründeten »Deutschen Verein zur Förderung der Luftschiffahrt« maßen das Verhältnis von Flügelgröße und Gewicht der Vögel und untersuchten deren Kraftaufwand beim Fliegen. Sie sammelten Daten aller überlieferten Flugversuche und werteten sie methodisch aus. Ihr Vorbild dabei waren die neuen technischen Disziplinen. Durch Systematisierung und Verallgemeinerung der zusammengetragenen flugtechnischen Erfahrungen hoffte man, Erkenntnisse für erfolgversprechende Flugapparate zu gewinnen.

Zu jener Zeit unterschieden die Flugenthusiasten noch zwischen »persönlichem Kunstflug« und »dynamischem Flugapparat« – Motorflug sagen wir heute. Motorfluggeräte sollten mit mechanischen Motoren angetrieben werden. Die Kunstflieger dagegen kopierten den Flugapparat der Vögel, vor allem aber der Fledermäuse, und versuchten so die verschiedenen Arten des Vogelflugs nachzuahmen.

Schon vor Otto Lilienthal hat es Erfinder gegeben, die mit »vogelähnlichen« Konstruktionen den persönlichen Kunstflug verwirklichen wollten. Dabei gilt es Ideen und Modelle einerseits und historisch beglaubigte Versuche mit Segel- und Gleitflugapparaten andererseits auseinanderzuhalten. So interessant all diese Bemühungen auch sein mögen, einen Einfluß auf die Entwicklung der Flugtechnik hatten sie nicht. Es blieb im besten Fall bei vereinzelten Experimenten. Die Erfahrungen der einzelnen Experimentatoren wurden nicht weitergegeben oder gar weiterentwickelt. Erst Otto Lilienthal gelang es, die

Oben:
Der Steinbaukasten
der Brüder Lilienthal.

Unten:
Otto (stehend) und
Gustav Lilienthal
1862 in Anklam.

Gleit- und Segelflugstudien auf eine entwicklungsfähige Basis zu stellen, weil er die Ergebnisse seiner Versuche exakt niederschrieb und so seine Erfahrungen seinen Nachfolgern übermittelte.

»Zum Maschinenbauer bestimmt«

Mit dieser knappen Aussage im Erziehungsbericht an das Anklamer Gericht aus dem Jahr 1864 läßt uns Wilhelm Lilienthal, der Onkel und Vormund des jungen Otto, an den Debatten im Familienrat teilnehmen. Otto sollte die Ausbildung am altsprachlichen Gymnasium abbrechen, zweimal war er bereits sitzengeblieben.

Bildhauer hatte er werden sollen. Die Mutter, eine ausgebildete Sängerin, dürfte künstlerischen Neigungen ihres ältesten Sohnes kaum abwehrend gegenübergestanden haben. Doch die Männer in der Familie wiesen auf die Kosten einer derartigen Ausbildung hin, und die Mutter gab nach. Hatte ihr 1861 verstorbener Ehemann sich nicht auch mehr für technische Neuerungen interessiert als für die Führung seines Tuchgeschäfts?

Im vorpommerschen Städtchen Anklam mit seinen knapp 20 000 Einwohnern war die Wahl eines technischen Berufs damals noch sehr ungewöhnlich. Der Stammtafel des Anklamer Gymnasiums ist zu entnehmen, daß Otto Lilienthal mit diesem Berufswunsch der erste und auch der einzige unter den Bürgersöhnen war, der mit dieser Absicht das Gymnasium verließ. Seine Mitschüler wurden Offiziere, Pächter, Pastoren oder Kammerherren, wenn sie nicht ihr Glück in Übersee versuchten.

Die preußische Regierung bemühte sich um die Förderung von Gewerbe und Industrie und unterstützte deshalb auch die Ausbildung technisch begabter junger Männer. So konnte Otto Lilienthal das Gymnasium, das ihm nicht zusagte, nach achtjährigem Besuch verlassen und die Voraussetzungen zum Maschinenbaustudium sozusagen auf dem zweiten Bildungsweg erwerben: das Abitur an einer Provinzialgewerbeschule und die Absolvierung eines praktischen Jahrs.

In Potsdam, wo eine Tante lebte, die ihn finanziell unterstützte, ging Otto 1864 auf die Provinzialgewerbeschule und bestand zwei Jahre später das Abitur »Mit Auszeichnung«. Sein praktisches Jahr absolvierte er in der renommierten Berliner Maschinenbaufabrik von Louis Schwartzkopff. Es vermittelte ihm bleibende Einsichten in die sozialen Verhältnisse der aufstrebenden preußischen Metropole sowie Erfahrungen im Umgang mit Schraubstock, Feile und Zeichenbrett.

Trotz der vom Maschinenbau geprägten vielfältigen Eindrücke und Erlebnisse kehrte der Praktikant Lilienthal 1867 nach Anklam zurück, um in den Ferien flugtechnische Experimente auszuführen.

Hatte er schon im Alter von 19 Jahren seine Lebensaufgabe erkannt, oder war es nur Interesse und Freude am Experimentieren, das ihn dazu brachte, die Schwingenflugversuche des Wiener Uhrmachers Jakob Degen von 1807 auf dem Dachboden des Elternhauses zu wiederholen?

Das Experimentier-gerät von Altwigsha-gen, Nachbau Otto Lilienthal Museum Anklam, 1989: Mit dem Versuchsapparat, der an einer Scheu-nenwand aufgehängt war, wollten die Brüder Lilienthal beweisen, daß durch Muskelkraft bewegte Flügelflächen eine hebende Wirkung haben.

Wollte er eine Antwort auf die vergeblichen kna-benhaften Versuche von 1862 finden, mit Arm-schwingen zu fliegen, oder besaß er bereits klare Vorstellungen von einem Programm zur Erfor-schung des Vogelflugs mit dem Ziel seiner tech-nischen Umsetzung?

Beantworten werden wir diese Fragen nicht mehr können. Die Biographen sind der Mei-nung, bereits im kindlichen Flugspiel, angeregt durch Freunde der Familie und durch Mitschüler, habe der Junge die Fähigkeit erworben, den freien Vogelflug in den weiten Wiesen im Ankla-mer Peene-Urstromtal zu erkunden und sich dann als Erwachsener ein Leben lang mit der technischen Nachahmung des Vogelflugs zu be-schäftigen.

Im Potsdamer Gewerbeverein hielt Otto Lilien-thal 1873 seinen ersten öffentlichen Vortrag über die Theorie des Vogelflugs, und dem Direktor der Provinzialgewerbeschule in Potsdam schickte er 1889 ein Exemplar seines Buches über den Vogel-flug. Zufall?

Im Herbst 1867 trug sich Lilienthal zum Maschi-nenbaustudium an der Königlichen Gewerbe-Akademie in Berlin ein. Diese Bildungseinrich-tung – ein Vorläufer der Technischen Hochschule Berlin-Charlottenburg – war aus dem 1821 von Peter Christian Wilhelm Beuth gegründeten Ge-werbeinstitut hervorgegangen. Als eine der er-sten Fach- und Fortbildungsschulen für Gewerbe-treibende in Preußen hatte sie einen ausgezeich-neten Ruf. Ihr Direktor, Professor Franz Reu-leaux, gilt in der Geschichte der Technik als einer der Schöpfer der technischen Wissenschaften in Deutschland. Lilienthal absolvierte bei ihm vier Semester lang mehrere Seminare. Einige Prüfun-gen bestand er mit der Note »vorzüglich«.

Wahrscheinlich machte sich Lilienthal schon zu Beginn des Studiums mit den Entwicklungspro-blemen der Luftfahrt und den zahlreichen Pro-jekten für Luftfahrzeuge vertraut. Sein Lehrer Reuleaux war Mitglied der technischen Deputa-tion für Gewerbe und legte der Regierung bereits seit Jahren Gutachten über Konstruktionspläne für Luftfahrgeräte vor. Um solche Projekte wis-senschaftlich fundiert beurteilen zu können, war auf Anregung des Ministers Albrecht von Roon 1867 eine spezielle Kommission gebildet worden. Sie stand unter Leitung des Physikers Gustav Ma-gnus; neben Franz Reuleaux gehörten ihr noch zwei weitere Lehrer Lilienthals an. Die Kommis-sion sollte an der Gewerbe-Akademie Versuche zur Ermittlung der Gesetze des Luftwiderstands durchführen. So gewann Lilienthal erste Ein-blicke in die Konstruktion von Experimentier-geräten und in die Methodik komplizierter Mes-

Anmeldebogen Lilienthals zum Studium an der Gewerbe-Akademie in Berlin.

sungen. Seine eigenen jahrzehntelangen Experimente zum Luftwiderstand waren eine »inoffizielle« Fortsetzung und Erweiterung der Kommissionstätigkeit.

Die hierbei gewonnenen Erfahrungen und Fähigkeiten sowie die später bei der Bildung einer Physikalisch-Technischen Reichsanstalt aufgeworfenen Fragen der Qualität und Güte physikalisch-technischer Messungen prägten die Grundeinstellung Lilienthals zum Experiment und führten dazu, seine eigenen Messungen und Schlußfolgerungen mehrmals vor der Veröffentlichung in Frage zu stellen und zu wiederholen.

Der Deutsch-Französische Krieg von 1870/71 brachte es mit sich, daß die Studentenkleidung nicht gleich vom Kittel des Konstruktionsingenieurs ersetzt wurde. Der Absolvent Lilienthal schlug das Angebot Reuleaux' aus, als sein Assistent eine wissenschaftliche Karriere zu beginnen, und zog die Uniform eines Garde-Füsiliers an. Als Einjährig-Freiwilliger erlebte er vor Paris die für die Luftfahrtgeschichte bedeutungsvollen 66 französischen Ballonauffahrten aus der von deutschen Truppen belagerten Stadt.

Feldpostbriefe Otto Lilienthals an seinen Bruder belegen, daß er sich dadurch nicht von der Erforschung des Vogelflugs abbringen ließ. Auch die nach dem Krieg intensiver werdenden Versuche zur Steuerung des Ballons gegen den Wind veränderten Lilienthals Auffassung nicht, auf welchem Weg man zum künftigen Luftfahrzeug kommen werde. Selbst die 1884 erstmals erfolg-

reiche Rückkehr des Luftschiffs »La France« zum Startpunkt konnte Lilienthal nicht überzeugen. Der Ballon war für ihn ein »Hemmschuh«, so schrieb er 1889 in seinem Buch über den Vogelflug, und die Versuche, den Ballon lenkbar zu machen, bezeichnete er als Irrweg in den jahrhundertelangen Bestrebungen der Menschheit, ein Luftfahrzeug zu bauen.

Alle an der Luftfahrtentwicklung beteiligten Theoretiker und Konstrukteure setzten sich immer wieder mit den Auffassungen auseinander, die der Physiker Hermann von Helmholtz als Vorsitzender der preußischen Regierungskommission zur »Ermittlung der Gesetze des Luftwiderstandes« 1872 veröffentlicht hatte.

Von Helmholtz bewertete auf ausschließlich theoretischer Grundlage die Aussichten für die Konstruktion eines Luftfahrgeräts. Ein Luftfahrgerät zu bauen sei dann möglich, wenn die Technik einen Motor zur Verfügung stellen könne, der das für einen Ballon erforderliche Masse-Leistungs-Verhältnis habe. Diese Aussage des bedeutendsten Naturwissenschaftlers seiner Zeit war eine außerordentliche Ermutigung für alle Flugenthusiasten. Erstmals wurde hier der Beweis geführt, daß ein Luftfahrzeug keine Utopie mehr, sondern technisch machbar sei. Kontrovers dagegen wurde die Meinung Hermann von Helmholtz' diskutiert, wonach es dem Menschen niemals möglich sein werde, mit einem Gerät, das sich den Vogelflug zum Vorbild nimmt, in die Luft zu gelangen. Otto Lilienthal gehörte in dieser Frage zu den konsequentesten und zugleich erfolgreichsten Kontrahenten des berühmten Physikers.

Unermüdlich maß und verglich er den Luftwiderstand und den Auftrieb verschieden geformter Flächen im Luftstrom. Bereits 1874 konnte er beweisen, daß Hermann von Helmholtz sich geirrt hatte und das entscheidende Konstruktionselement eines künftigen erfolgreichen Flugapparats benennen.

Der 50 Meter weite Flug eines mit *gewölbten* Flächen konstruierten Drachens wurde Lilienthal zum Schlüsselerlebnis. In seinem Werk *Der Vogelflug als Grundlage der Fliegekunst* aus dem Jahr 1889 schrieb er dazu: »Von diesem Versuche, der im September des Jahres 1874 auf der Ebene zwischen Charlottenburg und Spandau stattfand, sind wir heimgekehrt mit der Überzeugung, daß der Segelflug nicht bloß für die Vögel da ist, sondern daß wenigstens die Möglichkeit da ist, daß auch der Mensch auf künstliche Weise diese Art des Fluges, die nur ein geschicktes Lenken, aber kein kraftvolles Bewegen der Fittige erfordert, hervorrufen kann.«

Als er jene Versuche machte, 1874, veröffentlichte er seine Erkenntnisse jedoch nicht. Auf Vorwürfe, die ihm deshalb später gemacht wurden, antwortete Lilienthal mit dem Hinweis, er habe sich erst einmal auf die Berufsarbeit konzentrieren und sich wirtschaftlich selbständig machen müssen. Nach fast zehnjähriger Tätigkeit als Konstruktionsingenieur in der Berliner Maschinenfabrik von Carl Hoppe konnte Lilienthal 1881 eine eigene Fabrik gründen.

Mit Patenten und treffenden Marktanalysen gelang es ihm, durch ein Produktionsprogramm aus gefahrlosen Dampfkesseln, Dampfmaschinen, Transmissionen und schmiedeeisernen Riemscheiben die finanziellen Voraussetzungen für die flugtheoretischen und -praktischen Tätigkeiten sicherzustellen. Besonders mit einem Schlangenrohrkessel fand er bei Kleingewerbetreibenden ausreichenden Absatz und sogar Lizenznehmer.

Als Otto Lilienthal 1886 Mitglied des Deutschen Vereins zur Förderung der Luftschiffahrt wurde, hatte er bereits den Ruf erworben, zu den vier Fabrikanten in Europa zu gehören, die einen Dampfmotor für ein Luftschiff herstellen können. Die Aufforderung, vor diesem Verein über seine Experimente zu sprechen, und das Wissen, dann auch öffentlich gegen Hermann von Helmholtz, den ersten Präsidenten der gerade gegründeten Physikalisch-Technischen Reichsanstalt, Stellung beziehen zu müssen, waren ein weiterer

Anlaß dafür, daß Lilienthal im Frühjahr 1888 die Experimente von 1874, nun mit verbesserten Geräten, wiederholte. Weil Otto Lilienthal mit dem Auge des Ornithologen den Vogelflug beobachtete und als Techniker die Gesetze der Mechanik darauf anwandte, konnte er auch den Grundgedanken in den Auffassungen des Physikers Hermann von Helmholtz widerlegen:

Von Lilienthal entworfenes Rundlaufgerät für Luftkraftmessungen. Nachbau Otto Lilienthal Museum Anklam, 1990.

»Die Untersuchungen, welche ich [...] in Gemeinschaft mit meinem Bruder anstellte, führten uns zu dem Resultat, daß dasjenige, was die Schule über den Luftwiderstand lehrt, und was in den technischen Handbüchern über die Dynamik der Luft enthalten ist, nicht im Entferntesten ausreicht, um die Flugerscheinungen der Vogelwelt auch nur annähernd verstehen zu lernen und erklären zu können [...] die aerodynamischen Vorgänge, welche beim Fliegen auftreten, lassen sich nicht beurteilen nach den einfachen Regeln und Formeln, welche für andere technische Berechnungen wohl ihre gute Verwendbarkeit besitzen.«

Da »man nicht tief genug in das Wesen des eigentlich freien Fluges eindrang«, habe die ausschließlich mechanische Betrachtung zu einer Überschätzung der Flugarbeit geführt und sich die Ansicht gebildet, »daß die Vögel im höchsten Grade muskelstarke Tiere seien«. Von dieser Annahme sei es dann nicht weit zur irrigen Schlußfolgerung gewesen, »es könne die Größe der zum Fliegen nötigen Arbeitsleistung ein dauerndes Hindernis für den Menschen sein, jemals zum freien Fluge zu gelangen [...] und daß die ganze Flugfrage darin gipfele, Motoren zu beschaffen, welche mit großer Leichtigkeit außerordentliche Kraftwirkung verbinden«.

Mit Hilfe seiner Experimente und seiner heute noch anwendbaren Methode zur Auswertung der Meßdaten wies Lilienthal nach, daß »der wirkliche Flug durch die Form der Flügel, die Wöl-

bung, solche Vorteile besitzt, daß dadurch eine erhebliche Arbeitsverminderung eintreten kann«. »So gering diese Flügelwölbung zu sein scheint, so liefert sie dennoch den Hauptschlüssel für die Lösung [...] wenn der Wind selbst als der beste Förderer des freien Fluges noch hinzutritt. Berücksichtigen wir diesen Gesichtspunkt, so müssen wir die Möglichkeit des freien Fluges für den Menschen unbedingt bejahen, weil die Kraftbeschaffung zum Fliegen kein Hindernis sein kann, so lange wir mit ähnlichen Mitteln zu wirken suchen, als unser Lehrmeister, die Natur.«

Die Veröffentlichung seines Buches *Der Vogelflug als Grundlage der Fliegekunst* im Herbst 1889 – auf eigene Kosten, von 1000 Exemplaren wurden nicht einmal 300 verkauft – verstand Lilienthal als vorläufigen Abschluß seiner Experimente. Wilbur Wright, mit seinem Bruder Orville Pionier des Motorflugs, urteilte 1912 über Lilienthals Buch: »Nahezu zwanzig Jahre waren seine Tafeln und Tabellen das Beste, was gedruckt vorlag.«

Daß Gleitflugapparate eine gewölbte Flächenform besitzen müssen, wußte schon zu Beginn des Jahrhunderts der Engländer Sir George Cayley, und sein Landsmann Horatio Phillips nahm 1884 ein Patent für einen Flugapparat mit gewölbten Tragflächen. In der gegenwärtigen luft-fahrthistorischen Literatur wird immer öfter hervorgehoben, daß eigentlich Cayley der »Vater des Flugzeugs« sei. So logisch diese Bewertung ist, historisch stimmt sie nicht. Lilienthals Zeitgenossen unterschätzten die Leistungen Cayleys völlig. Es ist heute schwer einzusehen, warum Cayleys Arbeiten damals nicht die Rolle spielten, die ihnen hätte zukommen müssen. Erst mit Otto Lilienthals Meßwerten und vor allem mit den darauf aufbauenden Flugzeugkonstruktionen und ihrer überzeugenden Flugfähigkeit begann sich die gewölbte Fläche als notwendiges Konstruktionsmerkmal durchzusetzen – nicht ohne Widerstreit und Leugnung ihrer Notwendigkeit.

Vom Sprung zum Flug

Am 16. November 1891 sprach Otto Lilienthal in einer Sitzung des Deutschen Vereins zur Förderung der Luftschiffahrt zum erstenmal über seine Flugversuche. Das Protokoll darüber ist sachlich und knapp und läßt bei weitem nicht die Bedeutung erkennen, die von 1910 an den Flügen Lilienthals in zunehmendem Maße gegeben wurde: der Augenblick, seit dem Menschen fliegen können.

Wesentlich breiteren Raum nehmen im gleichen Protokoll die Berichte über die gleichzeitigen

Auffahrten der Ballone »M.W.« und »Meteor« im Oktober des Jahres und eine erneute Auffahrt des »Meteor« im November ein. Minutiös werden die Fahrten geschildert, an Hand von Tabellen und graphischen Darstellungen die Ergebnisse der instrumentellen Beobachtungen verglichen und ihre Einordnung in das Wissensgebäude der Physik der Atmosphäre erörtert. Einzig der Hinweis, daß Lilienthals Vortrag veröffentlicht werden soll, läßt vermuten, daß die Vereinsmitglieder ihn für wichtig hielten. In diesem ersten Bericht vor dem Verein – alljährlich erschienen dann Fortsetzungen – erklärte Lilienthal bereits alle wesentlichen Elemente seines Vorgehens.

Er führte aus, daß er ein Programm ausgearbeitet habe, das er konsequent zu verwirklichen gedenke. Für ihn sei die Zeit gekommen, nicht mehr »nur theoretischen Kalkülen nachzuhängen, sondern womöglich mit praktischen Flugversuchen sich zu beschäftigen, um dadurch ein ergiebiges Mittel in die Hand zu bekommen, auch die verborgensten Eigenschaften des Luftwiderstandes noch auszukundschaften und [...] dienstbar zu machen«. Auch wie solche Versuche zu machen seien, begründete er. Er wies nach, »daß es einen freien Flug gibt, den der Mensch auch mit den ihm jetzt zu Gebote stehenden Mitteln unter allen Umständen ausführen kann, einen Flug, zu dessen Verwirklichung nur sehr einfache Apparate nötig sind und dessen Einübung in vollkommen gefahrloser Weise sich bewirken läßt. Es ist dies der schräg abwärts geführte Segelflug, bei welchem man sich eines relativ unbeweglichen Apparates bedienen kann, der die Gestalt ausgebreiteter Vogelflügel besitzt. Die Absprunghöhe ist zunächst so niedrig zu nehmen, daß keine Gefahr durch den Sprung oder Flug entsteht, und je nach der erlangten Übung ist der höhere und weitere Sprung von größeren Höhen zu versuchen.«

Auf seinem Übungsgelände in Derwitz/Krielow bei Potsdam führte Lilienthal »tausendfältige Sprünge bei Winden von verschiedener Stärke aus. Das Endresultat an dieser Versuchsstelle bestand darin, daß an der höchsten vorhandenen Absprungstelle von 5 bis 6 Metern ein etwa 20 bis 25 Meter langer Sprung durch die Luft sich ausführen ließ und zwar sowohl bei Windstille als auch bei Winden verschiedener Stärke.« Der Protokollführer hielt fest: »Einige Moment-Photographien, welche den Experimentator mit seinem Apparat in der Luft schwebend darstellen, veranschaulichten die Versuche.«

Also nicht vom ersten Flieger ist 1891 die Rede! Ganz im Stil der Zeit ist der dreiundvierzigjährige

Lilienthal ein »Experimentator«, der auch mit persönlichem Risiko zu beweisen versucht, daß seine Theorie und Methode richtige, zum Erfolg führende Handlungweisen vorschreiben, damit ein neues »Kulturelement« entstehen kann. Der Vergleich mit dem Mediziner der Jahrhundertwende, der mikrobiologische Selbstversuche macht, um ein Heilmittel gegen gefährliche Krankheitserreger zu entdecken, bietet sich an. Der so ausgeführte »persönliche Kunstflug« war unter den Fachleuten jener Jahre eine häufig benutzte Vokabel. In Flugschriften, Vorträgen und Streitgesprächen wird immer wieder hervorgehoben, daß es falsch sei, bedeutende Mittel für ein großes, mit Motor versehenes Fluggerät aufzubringen und in die Luft zu setzen, ohne Kenntnisse über das Verhalten von Mensch und Apparat in der Luft zu besitzen.

Gleitflug Otto Lilienthals bei Derwitz, Sommer 1891: eines der ersten Fotos von einem fliegenden Menschen.

Schreiben und darüber reden ist eine Sache. Einen Gleitflugapparat am 400 Meter langen Kabel zwischen zwei Masten mit einem Menschen dem Wind auszusetzen, wie 1884 Sanderval beschrieb, geht schon einen Schritt weiter. Aber im freien Flug, unter dem unbestechlichen Auge der Kamera und über Jahre hinweg auch vor geladenen Gästen und vielen Zuschauern ein »theoretisch« fundiertes Programm auszuführen, ist etwas ganz anderes. Damit hat Lilienthal seinen herausragenden Platz in der internationalen Luftfahrtgeschichte erworben.

Die folgenden Jahre brachten immer umfangreichere Erfahrungen im Bau von Flugapparaten und in ihrer Anwendung. Ständig war Lilienthal auf der Suche nach geeigneten Flugplätzen, die höhere Absprungstellen und weitere Flüge ermöglichten. So fand er die Stechwand einer Sandgrube in den Rauhen Bergen und die Maihöhe in Berlin Steglitz, bis schließlich die Rhinower Berge sein bevorzugtes Übungsgelände wurden. Hier konnte er Flüge bis zu 250 Metern Distanz absolvieren.

Dabei erwies sich die starre Bauweise des Derwitzer Apparats als untauglich. Die Transportwege verlangten zusammenlegbare Gleitflugapparate, die sich auch leichter unterstellen ließen. Das hatte zugleich den Vorteil, daß man die Flügelwölbung durch aufschiebbare Profilschienen variabel gestalten konnte. Doch alle Fluggelände hatten den Nachteil, daß sie vom Wohnhaus zu weit entfernt lagen; außerdem waren sie nicht ständig nutzbar, weil sie von der Windrichtung abhängig waren.

Im Frühjahr 1894 konnte Lilienthal in Lichterfelde, in der Nähe seines Wohnhauses, aus der Abraumhalde einer Tongrube einen 15 Meter hohen Fliegeberg als ständige Übungsstätte aufschütten lassen. Von ihm waren Sprünge in alle Windrichtungen möglich. In die Spitze des Hügels baute er einen fensterlosen Schuppen ein, in dem mehrere zusammengefaltete Flugapparate untergestellt werden konnten. Das mit Rasen belegte Dach – auf den Abbildungen der gegenüberliegenden Seite gut zu erkennen – bildete die Absprungfläche für Flüge bis zu 80 Metern Weite.

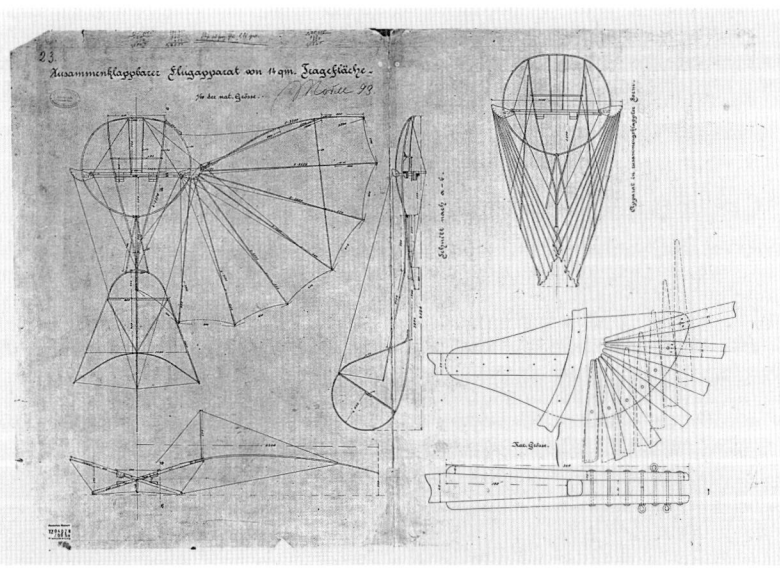

Die ersten Flugaufnahmen, die vom Fliegeberg veröffentlicht wurden, zeigen zugleich auch den wichtigsten Flugapparat Lilienthals: Mit seinem Normal-Segelapparat entwickelte er seine erfolgreichste Flugzeugkonstruktion. Er betrachtete sie selber als eine Art Standardflugzeug. Es hatte eine Spannweite von 6,7 Metern, die größte Flügeltiefe betrug 2,4 Meter bei insgesamt 13 Quadratmetern Tragfläche.

Wie auch andere Gleitflugkonstrukteure der Zeit benutzte Lilienthal für seine Konstruktionen grundsätzlich Weidenruten und mit Wachs getränkte Leinwand.

Vom Normal-Segelapparat wurden mindestens zehn Exemplare gebaut, von denen er acht für 500 Mark an Interessenten in verschiedenen Ländern verkaufte.

Neben dem Eindecker entwickelte Lilienthal weitere Konstruktionen, um das Schweben und Kreisen der Vögel nachvollziehen zu können. Mit Doppeldeckern hatte er 1895 dabei die größten Erfolge. Sie lieferten »die interessantesten Ergebnisse der bisherigen Flugversuche. Schon bei 6 bis 7 Meter Windgeschwindigkeit kann ich fast horizontal von der Spitze meines Hügels ohne Anlauf absegeln«, teilte Lilienthal mit. Bedeutungsvoller für sein Verständnis vom persönlichen Kunstflug war jedoch von Anfang an die Vorstellung, den abwärts gerichteten Gleitflug durch Flügelschläge in den Vorwärtsflug zu überführen.

In allen Konstruktionen hielten die Arme den Apparat: Während des Flugs hing Lilienthal an ihm; die Beine dienten zur Schwerpunktverlagerung des Körpers – so ließ sich der Flugapparat steuern! An diesem Grundprinzip hielt Lilienthal fest und verzichtete damit zugleich auf andere Lösungen.

In das Anmeldungsformular zum Patent aus dem Jahr 1893 zeichnete er diese Flughaltung ein.

Lilienthal die Steuerung der Apparate zusätzlich zur Körperverlagerung mit einer vom Kopf zu bedienenden mechanischen Hilfskonstruktion verbessern wollte, sollten wir in seinem Interesse nicht zu ernst nehmen.

Erst die erfolgreichsten unter seinen vielen Schülern, die Brüder Wilbur und Orville Wright, vollzogen den einfachsten, aber folgerichtigen Schritt, der zur Entwicklung des Motorflugzeugs führte: Sie legten sich in ihren Apparat und hatten damit die Arme frei für die Bedienung der Steuerung.

Schauen wir uns ihre Vorgänger an: Leonardo da Vinci, den badischen Landbaumeister Karl Friedrich Meerwein, den Wiener Uhrmacher Jakob Degen, den englischen Techniker Francis Herbert Wenham, Otto Lilienthal, den englischen Marineingenieur Percy S. Pilcher, den amerikanischen Eisenbahningenieur Octave Chanute: Alle haben sie die Armmuskeln zum Fliegen gebrauchen wollen, keiner hat die Idee gehabt, diese wertvollsten technischen Glieder des Menschen lediglich zum Lenken zu verwenden. Schmälert das

Lilienthals Fliegeberg in Lichterfelde: Aufnahmen von den Gleitflügen im August 1894.

Den Flugapparat beschrieb er sowohl für den Segelflug ohne Flügelschlag als auch für den Ruderflug mit bewegten Flügeln. Zum Patentanspruch gehörte ausdrücklich ein Schwingenflugapparat, bei dem die Flügel durch Maschinen oder Menschenkraft bewegt werden sollten. In Lilienthals Nachlaß befindet sich dazu eine Zeichnung, ein mit den Beinmuskeln angetriebenes Flügelschlagflugzeug, und seit 1893 arbeitete Lilienthal mit einem Kohlensäuremotor, allerdings ohne Erfolg. An der Nachahmung des Vogelflugs hielt er unerschütterlich fest, darin lagen seine Grenzen.

Er war so sehr in diese Tradition verstrickt, daß er sich nicht davon lösen konnte – auf seine Zeitgenossen traf dies ebenfalls zu. Die ersten Erfolge bestätigten sie ja auch darin. Der Hinweis, daß dies vor allem Folge des fehlenden Motors sei, überzeugt nicht ganz. Die Ideenskizze, in der

die Leistungen Lilienthals? Überhaupt nicht! So etwas »Einfaches« zu erkennen, setzt die vielen Gedanken und praktischen Versuche der eben genannten Flugpioniere voraus. Wilbur Wright selbst war es, der dazu erklärte: »Aber wo immer seine [Lilienthals] Grenzen lagen, er war ohne Zweifel der Größte der Vorläufer, und die Welt steht tief in seiner Schuld.«

Das Flugzeug und der Traum vom ewigen Frieden

Diese Aussage gilt nicht nur für die technische Leistung Lilienthals. Der erste erfolgreiche Flugzeugkonstrukteur beschäftigte sich auch, vor allem in seiner aktivsten und erfolgreichsten Schaffensperiode, in den Jahren 1890 bis 1896, mit gesellschaftlichen Problemen. Dabei orien-

Seite 16, links: Nach dem Flug: Der Gleiter wird zusammengeklappt.

Seite 16, unten: Lilienthal-Zeichnung: zusammenklappbarer Flugapparat. Auf diesen Apparat nahm Lilienthal sein erstes Flugpatent DRP Nr. 77916 (77) vom 3. September 1893.

Maihöhe-Rhinow-Apparat, 14 m² Tragfläche: Flugapparat Lilienthals aus dem Jahr 1893, den er später mit geringen Veränderungen zum »Normal-Segelapparat« weiterentwickelte. Nachbau Stefan Nietsch, Magdeburg.

tierte er sich an den Bestrebungen des Sozialethikers Moritz von Egidy.

Von Egidy war im letzten Jahrzehnt des 19. Jahrhunderts eine der bekanntesten und meistgenannten Persönlichkeiten im Deutschen Reich. Entlassener Offizier, wirkte er besonders in Berlin für eine Erneuerung der Kirche und äußerte sich zu allen ökonomischen, sozialen und politischen Fragen der Zeit. Er nahm Anteil an der Friedensbewegung, sprach zur Frauenbewegung, zum Genossenschaftswesen, zur Bodenreform und zur sozialen Frage. Zwischen Lilienthal und von Egidy kam es zu einer mehr als flüchtigen Bekanntschaft. Lilienthal besuchte die Vorträge von Egidys, las die von ihm herausgegebene Zeitschrift »Versöhnung« und verkehrte in dessen Haus. In einem Brief an Egidy schrieb er 1894: »Auch ich habe mir die Beschaffung eines Kulturelementes zur Lebensaufgabe gemacht, welches Länder verbindend und völkerversöhnend wirken soll. Unser Kulturleben krankt daran, daß es sich nur an der Erdoberfläche abspielt. Die gegenseitige Absperrung der Länder, der Zollzwang und die Verkehrserschwerung ist nur dadurch möglich, daß wir nicht frei wie der Vogel auch das Luftreich beherrschen.

Der freie, unbeschränkte Flug des Menschen, für dessen Verwirklichung jetzt zahlreiche Techniker in allen Kulturstaaten ihr Bestes einsetzen, kann hierin Wandel schaffen und würde von tief einschneidender Wirkung auf alle unsere Zustände sein.

Die Grenzen der Länder würden ihre Bedeutung verlieren, weil sie sich nicht mehr absperren lassen, die Unterschiede der Sprachen würden mit der zunehmenden Beweglichkeit der Menschen sich verwischen. Die Landesverteidigung, weil zur Unmöglichkeit geworden, würde aufhören, die besten Kräfte der Staaten zu verschlingen, und das zwingende Bedürfnis, die Streitigkeiten der Nationen auf andere Weise zu schlichten als den blutigen Kämpfen um die imaginär gewordenen Grenzen, würde uns den ewigen Frieden verschaffen.«

Ähnliche Gedanken finden wir später in Lilienthals Theaterstück wieder. Allein schon vor dem Hintergrund nur der Luftfahrtgeschichte wird deutlich, daß Lilienthals Ansichten nicht gerade weit verbreitet waren und sind.

Noch hatte das Flugzeug seine Unschuld nicht verloren. Was Lilienthal entwickelt hatte, war ja nur der Prototyp des sieben Jahre nach seinem

Tod vorhandenen Motorflugzeugs. Doch in allen europäischen Luftfahrtvereinen saßen bereits seit Jahren in großer Anzahl Offiziere, abkommandiert von ihren Dienststellen, um die neue Waffe kennenzulernen und sie in einem künftigen Krieg einsetzen zu können. Was zum militärischen Einsatz des noch nicht flugfähigen Luftschiffs und Flugzeugs an Ideen vorlag, mußte einen Menschen wie Lilienthal, der solche Briefe schrieb, beunruhigen.

Chauvinistische und revanchistische Ausfälle in Deutschland und Frankreich lassen sich auch in den Spalten der französischen und der deutschen Luftfahrtzeitschriften wiederfinden. Vor diesem Hintergrund ist umso bedeutender, was sich trotz alledem am 14. Oktober 1905 in Paris ereignete. Die Abgesandten von acht Luftschifferverbänden aus Europa und Übersee gründeten an diesem Tag einen internationalen Luftsportverband, die Fédération Aéronautique Internationale (FAI). Beim feierlichen Abschluß sagte der Franzose Ernest Archdeacon über den deutschen Flugpionier

Otto Lilienthal: »Ich bin glücklich, in Gegenwart der geehrten Vertreter Deutschlands hier öffentlich und mit Nachdruck als genialen Vorläufer der Aviatik den unvergeßlichen Lilienthal anzuerkennen. [...] er ist ohne Frage unser aller Meister und der Vater aller vergangenen, gegenwärtigen und zukünftigen Flugtechnik.«

Deutliche Worte bereits zu einer Zeit, als noch gar nicht sicher war, wie denn nun eigentlich das erste Motorflugzeug aussehen wird – die Wrights hatten das Geheimnis noch nicht gelüftet – und welche Nation den Ruhm für sich in Anspruch nehmen kann, den ersten Motorflieger hervorgebracht zu haben. Den Anspruch meldeten viele an.

Die Schüler Lilienthals in allen luftfahrtbetreibenden Ländern der Welt gingen jedoch bereits zu dessen Lebzeiten davon aus, daß es unerläßlich sei, an Lilienthals Konstruktionsprinzipien und methodische Grundsätze anzuknüpfen, wollte man zu weiterführenden Einsichten und besserem Können gelangen.

Versuchsmodell von 1895, 20 m² Tragfläche, ebenfalls für den Transport klappbar, zur Erprobung verschiedener Steuerprinzipien, darunter einer Verwindungssteuerung, wie sie später von den Wrights verwendet wurde.
Nachbau Nietsch.

Michael Hundertmark

FLUGPLATZ JOHANNISTHAL –
WIEGE DER DEUTSCHEN LUFTFAHRT

Nicht allen Berlinern ist der Ortsteil Johannisthal im Stadtbezirk Treptow bekannt, doch stand hier die Wiege der deutschen Luftfahrt. Auf einem Areal, das sich zwischen dem Teltow-Kanal und der S-Bahntrasse nach Grünau erstreckt, befand sich einst Deutschlands erster Flugplatz.

Nach den Flugversuchen Otto Lilienthals sorgten vor allem die Gebrüder Wright aus den USA sowie die französischen Aviatiker zu Beginn dieses Jahrhunderts für Schlagzeilen. In Deutschland konzentrierte man sich hingegen auf den Luftschiffbau, worin man bereits beträchtliche Leistungen vorweisen konnte. Erst als das Ausland mit Flugzeugen nennenswerte Erfolge erzielt hatte, rückte auch der Flugzeugbau stärker in das Interesse der Öffentlichkeit. Um weitere Kreise für die Flugtechnik zu interessieren, stiftete Anfang 1908 der Mannheimer Lokomobilfabrikant Karl Lanz einen Preis von 40 000 Mark. Das Preisgeld sollte dem deutschen Konstrukteur zufallen, dessen Flugzeug ausschließlich in Deutschland gefertigt worden war und das auch von einem Deutschen geflogen wurde.

Eröffnung, erste Flugveranstaltungen

Aber es gab in Deutschland noch keinen ständigen Flugplatz, der mit seinen Einrichtungen die Voraussetzung für den Bau und die Erprobung von Flugzeugen bot. Nach längerem Suchen entschied man sich 1908 für das obengenannte Gelände zwischen den damaligen Landgemeinden Adlershof und Johannisthal. Johannisthal war aus einer Ansiedlung von zehn Kolonistenfamilien unter der Regierung Friedrichs des Großen entstanden. Zur Zeit der Flugplatzgründung lebten etwa 4000 Menschen in der Gemeinde. Das ausgewählte Gelände, von der Forstverwaltung gepachtet, wurde dann von Dezember 1908 an durch Angehörige des Eisenbahn-Regiments I gerodet und eingeebnet. Der erste deutsche Flugplatz hatte eine Fläche von 2,1 Quadratkilometern. Das Gelände umgab man mit einem drei bis vier Meter hohen Bretterzaun, um ungebetene nicht zahlende Besucher fernzuhalten. Das Rollfeld war zunächst 800 Meter lang und 500 Meter breit. An der Westseite baute man

die ersten Flugzeugschuppen; hier entstand auch der Startplatz mit Zielrichterhäuschen. Auf dem Flugfeld befanden sich vier Pylone, Wendemasten, die insgesamt eine Strecke von 2,5 Kilometern markierten.

Noch vor der Eröffnung des Flugplatzes hatte 1909 in Reims die erste internationale Flugwoche stattgefunden, in deren Folge in Johannisthal noch kurzfristige bauliche Erweiterungen vorgenommen wurden, darunter ein Postamt und Zuschauertribünen mit Sitzplätzen.

Am Sonntag, dem 26. September 1909 wurde der Flugplatz Johannisthal ohne jede Feierlichkeit in

Betrieb genommen. Träger war die Deutsche Flugplatz-Gesellschaft, später in Flug- und Sportplatz-Gesellschaft Berlin-Johannisthal umbenannt. Am selben Tag begann die erste Flugveranstaltung, die »Große Berliner Flugwoche«, ein Konkurrenzfliegen der ersten Aviatiker der Welt. Und weil die Deutschen noch nicht zu ihnen zählten, war auch nur Herrmann Dorner als einziger deutscher Flieger gemeldet. Dorner, ein 27jähriger Schiffbauingenieur, startete mit einem selbstkonstruierten Eindecker. Alle übrigen Flieger stammten aus Belgien oder Frankreich. Geldpreise in Höhe von 150 000 Mark waren zu vergeben.

Links:
Flugplatz Johannisthal, Haupteingang.

Die Tribüne vom Flugfeld aus.

Blick von der Tribüne des Kaiserlichen Aero-Clubs auf den Startplatz.

Plakat zum »Konkurrenzfliegen« der Eröffnungsflugwoche vom 26. September bis zum 3. Oktober 1909.

ein paar kurze Hüpfer. Robert Gesell, späterer Chefpilot bei Dorner, berichtete: »Bei Vollgas und bei angezogenem Höhensteuer geht es mit Hilfe von Bodenunebenheiten zeitweise in die Luft bis der Motor ein Spürchen nachläßt, und die Kiste wegen Geschwindigkeitsverlust die erreichten 50 cm Höhe ›abstürzt‹.«

Der 27. September brachte eine Sensation. Hubert Latham, der bereits in den Tagen zuvor für das Kaufhaus Wertheim Schauflüge auf dem Tempelhofer Feld (dem heutigen Gelände des Flughafens Tempelhof) vorgeführt hatte, flog mit seinem Antoinette-Eindecker vom Exerzierplatz in Tempelhof über Rixdorf und Britz nach Johannisthal, wo ihn der begeisterte Jubel der Zuschauer empfing. Die Berliner Polizei teilte diese Begeisterung jedoch nicht und belegte Latham mit einem Strafmandat wegen groben Unfugs. Latham erhielt den ersten Geschwindigkeitspreis für 20 Kilometer in 18 Minuten und 46 Sekunden (65 km/h) sowie verschiedene zweite Preise. Dies war das Debüt des Flugplatzes Johannisthal. Das nächste große Ereignis war der Flug um den Lanzpreis der Lüfte im Oktober 1909. Am 30. Oktober gelang dem Magdeburger Ingenieur Hans Grade – gemäß den Ausschreibungsbedingungen – eine Flugfigur in Form einer liegenden Acht. In

Sieger der ersten Berliner Flugwoche war Henri Rougier. Für seine Gesamtflugleistung von 120 Kilometern während der sieben Tage erhielt er den Pokal von Berlin, für den Höhenrekord von 158 Metern den ersten Höhenpreis und für viermaliges Umrunden des Flugfelds (10 Kilometer) mit einem Ballast von 140 Kilogramm den ersten Belastungspreis. Dorner hingegen schaffte nur

Konkurrenz-Fliegen der ersten Aviatiker der Welt 26. September–3. Oktober 1909 Flugplatz Berlin-Johannisthal 150,000 Mk. Geldpreise Deutsche Flugplatz-Gesellschaft ✦ Billets: A. Wertheim ✶ Invalidendank

der Zeit von 2 Minuten und 43 Sekunden legte er eine Strecke von 2,5 Kilometern zurück. Zum ersten Mal hatte somit ein deutscher Flieger mit einem Flugzeug deutscher Konstruktion den Nachweis der Flugtauglichkeit erbracht.

Trotz einiger spektakulärer Ereignisse blieb der erhoffte finanzielle Erfolg zunächst aus. Die Eintrittsgelder deckten die Flugpreise und die sonstigen Verpflichtungen nicht.

Hatte bis zum Dezember 1909 der Charlottenburger Bauunternehmer Arthur Müller, dessen Firma auch die Flugplatzbauten ausführte, den Direktionsposten der Flugplatzgesellschaft inne, so wurde von Januar 1910 an Georg von Tschudi, ehemaliger Kompanieführer einer Luftschifferabteilung, mit dieser Aufgabe betraut. Die neue Leitung nahm sogleich zahlreiche Verbesserungen vor. So ließ Tschudi zum Beispiel die Tribünen und das Hauptrestaurant verlegen, damit sie vom S-Bahnhof Johannisthal schneller zu erreichen waren. Die Flugbahn wurde um 200 Meter verlängert, und durch zusätzliche Rodungs- und Erdarbeiten wurde weiterer Platz geschaffen. Ein zweiter Startplatz, genannt neuer Startplatz, entstand in unmittelbarer Nähe des Haupteingangs. Die Eintrittspreise für den Flugplatz waren gestaffelt, je nachdem, ob ein Steh-, ein Tribünen- oder ein Haupttribünenplatz gelöst wurde. Der Haupttribünenplatz bot die Möglichkeit, direkt vom eigenen Automobil aus die Flüge vom Flugfeldrand

zu beobachten sowie das Postamt und das Flugplatzrestaurant zu benutzen. Die »Vossische Zeitung« nennt für Oktober 1909 Eintrittspreise von 50 Pfennig, einer Mark und zwei Mark. Viele Besucher stellten jedoch bald fest, daß man die Flugzeuge fast ebenso gut von außen beobachten konnte; andere kletterten über den Zaun. Freien Eintritt hatten die Mitglieder des Kaiserlichen Aero-Clubs. Sie konnten ein Clubhaus benutzen, das direkt am Startplatz stand.

Firmenniederlassungen, erste Nationale Flugwoche, Überlandflüge

Im folgenden Jahr faßten deutsche Flieger und Flugzeugunternehmen in Johannisthal Fuß. Zu den ersten Firmen, die sich hier niederließen, gehörten die Flugmaschine Wright GmbH sowie die Albatroswerke. Zunächst war die Flugmaschine Wright GmbH von Reinickendorf auf die Adlershofer Seite des Flugplatzes übergesiedelt. In diesen Werkstätten wurden Wright-Doppeldecker nach amerikanischem Muster gebaut. Ein solches Flugzeug kostete damals 30 000 Mark. Im November 1910 kam der Firmengründer Orville Wright, von der Öffentlichkeit unbemerkt, nach Berlin. Im Frühherbst 1909 hatte er auf Einladung des »Berliner Lokal-Anzeigers« Schauflüge veranstaltet; diesmal galt sein Interesse den technischen Fortschritten der deutschen Firmenniederlassung. Am 6. Dezember machte Orville Wright in Johannisthal Probeflüge.

Die Albatroswerke, im Dezember 1909 gegründet, siedelten sich an der Südseite des Flugplatzes an. Im Jahr 1910 wurde der Betrieb in ein 600 Quadratkilometer großes Fabrikgebäude verlegt; die alten Hallen nutzte man für die Fliegerschule. Hatte die Firma 1909 nur zwölf Mitarbeiter, davon sieben Handwerker, so stieg die Zahl der Beschäftigten 1910 auf 40 Handwerker. Diese Belegschaft wuchs in den Jahren bis zum Ausbruch des Ersten Weltkriegs im August 1914 von 100 über 230 und 300 auf 560 Handwerker.

Die Flugzeugproduktion belief sich 1910 auf drei Maschinen, 1911 auf 31, 1912 auf 55 und 1913 auf 96. Mit Beginn des Ersten Weltkriegs und dem damit verbundenen sprunghaften Ansteigen der Rüstungsproduktion stieg die Zahl der gefertigten Flugzeuge im Stammhaus Johannisthal auf 336. Zu Beginn hatten die Johannisthaler schwerpunktmäßig französische Konstruktionen wie z.B. Antoinette- und Farman-Eindecker in Lizenz gebaut, doch ging man später zu eigenen Konstruktionen über.

Je mehr Konstrukteure und ihre Firmen sich in Johannisthal ansiedelten, um so mehr wuchs auch das Interesse bei den Berlinern am Motorflug. In den Berliner Tageszeitungen berichteten Reporter ständig über die Ereignisse, und die Flugplatzgesellschaft gründete zudem in der Lützowstraße ein Stadtbüro. Hier waren im Vorverkauf ermäßigte Eintrittskarten erhältlich. Auch Wertheim, die Filialen der Zigarettenhandlung Loeser & Wolff und die Theaterkassen boten Eintrittskarten an. Auf diese Weise hoffte die Flugplatzgesellschaft den Vorverkauf zu forcieren. Als zusätzlichen Service zeigten die Zigarettenläden in ihren Schaufenstern durch verschiedenartige Fähnchen an, ob in Johannisthal Flugbetrieb war. Ein rotes Fähnchen bedeutete, daß geflogen wurde, bei weißer Fahne war es unsicher, bei schwarzer fand kein Flugbetrieb statt.

Vom 10. bis 16. Mai fand dann wieder eine Flugwoche statt. Diesmal nahmen bereits mehr deutsche als ausländische Piloten daran teil. Zu diesem Zeitpunkt besaßen 21 Deutsche das Flugzeugführerzeugnis! 14 von ihnen flogen mit. Die Flugzeuge waren jedoch immer noch überwiegend ausländischer Herkunft oder nach ausländischen Mustern gefertigt.

Negativ auf die Flugwoche wirkten sich die Witterungsbedingungen aus, tägliche Gewitter beeinträchtigten den Flugbetrieb. Neben dem Belgier de Carters, den Berlinern schon aus der Eröffnungsflugwoche bekannt, errangen Paul Engelhard, Chefpilot der Flugmaschine Wright GmbH, und der Elsässer Emil Jeannin, der bei Farman in Frankreich ausgebildet wurde, sämtliche ersten Preise. Jeannin erhielt, neben einem Ehrenpreis, Geldpreise in Höhe von 24 800 Mark.

Zu den erwähnenswerten Leistungen im Anschluß an die Maiflugwoche zählte der erste Rundflug über Berlin. Am 23. Mai um 19.37 Uhr startete der Württemberger Alfred Frey bei klarem, windstillem Wetter. In seinem Doppeldecker flog er über Buckow, Rixdorf, das Tempelhofer Feld und den Potsdamer Platz auf die Siegessäule zu, umkreiste sie in etwa 300 Metern Höhe und flog dann die Linden entlang, am Schloß vorbei wieder nach Johannisthal zurück, wo er um 20.15 Uhr landete.

Die erste nationale Flugwoche, zu der nur Piloten deutscher Nationalität zugelassen wurden, fand vom 7. bis 13. August 1910 statt. Wiederum errang Emil Jeannin den Preis für die höchste Gesamtflugzeit. Mit seinem Aviatik-Farman-Doppeldecker blieb er zwei Stunden und 41 Minuten in der Luft. Den Großteil der Preisgelder bekam Robert Thelen für seine Leistungen im Höhen- und Belastungsflug sowie für verschiedene Sonderprüfungen, wie z.B. den kürzesten Anlauf – heute sagt man Startstrecke – vor dem Aufstieg. Einen Schatten über die Veranstaltung warf der Absturz des Ingenieurs Oskar Heim mit seinem Wright-Doppeldecker. Heim, der erst vier Tage zuvor seine Pilotenprüfung bestanden hatte, erlitt so schwere Verletzungen, daß er das Fliegen aufgeben mußte.

Auch das Militär begann inzwischen die Bedeutung des Flugzeugs zu erkennen. Mehr als die Hälfte der ausgesetzten Geldpreise, 18 000 Mark, hatte das Preußische Kriegsministerium gestiftet. Am 28. August 1910 wurde ein Wurfwettbewerb veranstaltet, bei dem aus einer Höhe von 20 Metern Papiertüten mit drei Kilogramm Schlämmkreide zielgenau abgeworfen werden mußten.

An der bedeutendsten Flugwoche des Jahres 1910 vom 9. bis 16. Oktober – mehr als 60 000 Mark waren an Preisen ausgesetzt – beteiligten sich 22 Flieger, einige von ihnen mit mehreren Flugzeugen. Bei guter Witterung befanden sich sechs bis acht Maschinen gleichzeitig in der Luft, manchmal auch gemeinsam mit einem Parseval-Luftschiff; denn auch die Luftschiffahrt begann sich in Johannisthal anzusiedeln. Auf der Nordwestseite des Flugplatzes wurde 1910 eine 82,5 Meter lange, 25,3 Meter breite und 25 Meter hohe Luftschiffhalle errichtet. Eine zweite, größere, sollte später folgen. Das 70 Meter lange Luftschiff wurde zu Passagier- und Lichtreklamefahrten über dem nächtlichen Berlin eingesetzt. Eine Passagierfahrt kostete 100 Mark. Insgesamt konnten bei den Fahrten, die vor- und nachmittags angeboten wurden, bis zu 16 Passagiere mitfliegen.

Den Preis der Herbstflugwoche im Dauerflug, 25 000 Mark, errang vor Jeannin diesmal Otto Lindpainter mit einer Gesamtflugzeit von 11 Stunden, 37 Minuten und 53 Sekunden. Den Höhenrekord stellte mit 1560 Metern Eugen Wiencziers auf. Er überbot damit den von Jeannin gehaltenen Rekord um 870 Meter. Für diese Leistung überreichte ihm das Kronprinzenpaar eine Brillantnadel.

Der erste Flug am 17. Oktober hatte, auf Veranlassung der Militärverwaltung, Döberitz zum Ziel. Drei Flugzeuge kamen dort an und landeten, wie vorgesehen, beim Fliegerkommando der Versuchsabteilung der Verkehrstruppen. Für die 45 Kilometer lange Strecke benötigte die schnellste Maschine, eine Taube, 23 Minuten (117 km/h).

Der zweite Überlandflug ging am 30. Oktober von Bork nach Johannisthal. Dabei sollte geprüft werden, ob die entlang der Strecke aufgestellten drei Meter hohen Stangen mit weißgestrichenen Körben eine Orientierungshilfe boten. Es stellte sich heraus, daß sie unbrauchbar waren. Den er-

Flugzeugführer-Ausweis Nr. 9 für den Aviatiker Robert Thelen vom 11. Mai 1910.

Zum ersten Mal wurde bei dieser Flugwoche auch ein Flugzeug vorgeführt, das sich in seiner Bauart zum bekanntesten deutschen Flugzeug der Vorkriegszeit entwickeln sollte: die Etrich-Taube. Die interessante Formgebung und der sichere Flug des stabilen Eindeckers fanden allgemeine Aufmerksamkeit.

Zwei bemerkenswerte Überlandflüge fanden ebenfalls im Oktober 1910 statt. Überlandflüge gehörten damals noch zu den ganz großen Leistungen. Die Motoren waren noch sehr unzuverlässig und Notlandungen die Regel.

sten Preis bei diesem Überlandflug holte sich Eugen Wiencziers, der die 58 Kilometer in 41 Minuten Flugzeit (85 km/h) zurücklegte.

Wie schnell man zu einem Überlandflieger werden konnte, schilderte Robert Gesell: »Ich machte meinen ersten ›Überlandflug‹, denn es hieß einer ›Taube‹ über den Zaun [des Johannisthaler Flugplatzes] auszuweichen, um einen Zusammenstoß zu vermeiden. Ohne solchen Zwang fliegt ja jeder seine Runden innerhalb des Bretterzaunes. Wer über den Zaun flog, wird in der monatlichen Zusammenstellung der ›Automobil- und Flug-

BERLIN-JOHANNISTHAL
Latham sur son ANTOINETTE
passe au dessus de BERLIN

welt‹ unter ›Ferner flogen über Land…‹ ehrend
erwähnt.«

Deutscher Rundflug, Weltrekord im Dauerflug, Flugzeugabstürze

Die nationale Flugwoche 1911, vom 4. bis 11.
Juni, diente der Förderung des Nachwuchses. Zugelassen waren nur deutsche Piloten, die bei
Wettbewerben noch keine Geldpreise über 5000
Mark gewonnen hatten. Von den insgesamt 18
Piloten taten sich besonders hervor: Benno König auf einem Albatros-Doppeldecker, Hans Vollmöller mit einer Taube und Georg Schendel auf
einem Dorner-Eindecker.
Während der Flugwoche ereignete sich ein be-
dauerlicher Unfall. Georg Schendel startete am 9.
Juni gemeinsam mit seinem Monteur Voss, um
den von Hellmuth Hirth drei Tage zuvor aufgestellten Höhenrekord mit Passagier von 1570 Metern zu überbieten. Unter den Augen der Zuschauer stieg die Maschine bis zu einer Höhe von
1680 Metern auf, dann stürzte sie aus unbekann-
ter Ursache ab. Die beiden Flieger kamen dabei
ums Leben. Einzig der erhalten gebliebene Baro-
graph zeigte an, daß sie einen neuen Höhenweltrekord mit Passagier aufgestellt hatten. Schendel
und Voss waren jedoch nicht die ersten Opfer auf
dem Flugplatz Johannisthal. Bereits am 11. Mai
1911 hatte der 23jährige Flugschüler Hans Brock-
müller bei einem Startversuch den Tod gefunden.
Danach waren zum ersten Mal die Fahnen des
Flugplatzes auf Halbmast gegangen.
Am 11. Juni 1911 startete von Johannisthal aus
der Deutsche Rundflug, die größte Flugveranstaltung in Deutschland vor Ausbruch des Ersten
Weltkriegs. Hintergrund des Flugs war die ge-
scheiterte deutsche Teilnahme an einem von der
französischen Zeitung »Matin« geplanten europäischen Rundflug. Das von der »B.Z. am Mittag« für den Europa-Rundflug vorgesehene Preisgeld in Höhe von 100 000 Mark wurde nun als
»B.Z.-Preis der Lüfte« dem Deutschen Rundflug
zur Verfügung gestellt. Insgesamt betrugen die
Preisgelder knapp 500 000 Mark.
Der Rundflug führte in dreizehn Tagesetappen
über die 1854 Kilometer lange Strecke Berlin –
Magdeburg – Schwerin – Hamburg – Kiel – Lüne-
burg – Hannover – Münster – Köln – Dortmund –
Nordhausen – Halberstadt – Berlin. Auf einen
Flugtag folgte ein Ruhetag. In Kiel, wo gleichzeitig eine Flugwoche veranstaltet wurde, gab es
eine einwöchige Pause, damit sich die Piloten an
den lokalen Wettbewerben beteiligen konnten.
Die Teilnehmerliste des Deutschen Rundflugs

Magneto Eisemann

Seite 26:
*Hubert Latham fliegt
mit seinem
Antoinette-Eindecker
über Berlin.
Schablonenkolorierte
Lithographie.*

Seite 27, oben:
*Ein Wright-Doppel-
decker auf Überland-
flug.
Schablonenkolorierte
Lithographie, Rekla-
mebild der Firma
Magneto-Eisemann.*

Seite 27, unten:
*Eine restaurierte
»Libelle« (Baujahr
1909/10), der
berühmte Eindecker
Hans Grades.*

Eine Kuriosität: der Fünfdecker von J. Merx aus dem Jahr 1911. Die Fehlkonstruktion bekam von den Berlinern den Spitznamen »Himmelsleiter«.

Rechts: Der Elsässer Emil Jeannin, Flugzeugführer Nr. 6, mit einem Windpendel (Geschwindigkeitsmesser).

zeugs. Ein Beispiel dafür, mit welchen Schwierigkeiten die Piloten damals zu kämpfen hatten. Die Flugzeuge waren noch sehr anfällig.

Der Deutsche Rundflug dauerte insgesamt einen Monat. Am 10. Juli bot Johannisthal ein ähnliches Bild wie am Starttag. Die 13. und letzte Etappe von Halberstadt nach Berlin, mit 203 Kilometern die längste des Rundflugs, stand auf dem Programm. Bereits in den frühen Mor-

umfaßte 25 Piloten, unter ihnen Emil Jeannin, Robert Thelen, Eugen Wiencziers und Hans Vollmöller.

Zum Start am 11. Juni um 5 Uhr früh hatte sich in Johannisthal eine halbe Million Menschen eingefunden. Nie zuvor hatte der Flugplatz einen solchen Menschenansturm erlebt. Am Starttag spielten sich beispiellose Szenen ab: Die Coupés der Vorortzüge waren überfüllt – selbst auf Wagendächern und Trittbrettern fuhren die Flugenthusiasten nach Johannisthal. Alle Zufahrtsstraßen waren durch Gefährte jeglicher Art versperrt. Die Kassen wurden gestürmt. Es war nicht allein das Interesse am Motorflug, das die Menschen zu der frühen Morgenstunde auf die Beine brachte. Die ausführlichen Schilderungen der Abstürze hatten die Sensationslust geschürt.

Als erster startete um 5.13 Uhr Otto Erik Lindpainter mit Leutnant Heyler als Passagier auf einem Farman-Doppeldecker. Es war ein kalter und windiger Sonntagmorgen, und so flogen zunächst nur sieben Flugzeuge zum ersten Etappenziel Magdeburg. Nur Lindpainter legte die 143 Kilometer lange Strecke ohne Zwischenlandung zurück, in einer Flugzeit von 2 Stunden und 7 Minuten. Als letzter erreichte Hans Vollmöller Magdeburg am Abend des 13. Juni. Seine Maschine hatte bei Potsdam einen Motorschaden gehabt. Nachdem in Johannisthal ein neuer Motor eingebaut worden war, startete Vollmöller am Morgen des 13. Juni erneut. Wieder gab es eine Panne: Bei einer Notlandung in den Magdeburger Rieselfeldern zerbrach ein Rad des Flug-

genstunden landete, von frenetischem Jubel begrüßt, Bruno Büchner. Sämtliche dreizehn Etappen des Deutschen Rundflugs schaffte keiner der 15 Konkurrenten. Das lag vor allem am schlechten Wetter der letzten Junitage. Die meisten Streckenabschnitte, nämlich 11, insgesamt 1506 Kilometer, absolvierte der 26jährige Benno König, Mechaniker der Luftverkehrsgesellschaft in Johannisthal, auf einem Albatros-Doppeldecker. Weil er auf der gesamten Strecke mit Passagier geflogen war, erhielt er zusätzlich einen Bonus von 25 Prozent, so daß die angerechnete Strecke 1882,5 Kilometer betrug. Das bedeutete den ersten »B.Z.-Preis« in Höhe von 40 000 Mark; an Etappenpreisen gewann König 17 624 Mark. Das Flugzeug wurde für 28 000 Mark vom Reichskriegsministerium gekauft. Zweiter des Deutschen Rundflugs wurde der 21 Jahre alte Hans Vollmöller, für zehn Etappen mit Passagier und 1837,5 angerechneten Kilometern. Vollmöller bekam den zweiten »B.Z.-Preis« in Höhe von 25 000 Mark; seine Gewinne bei den Etappenpreisen lagen mit 44 286 Mark jedoch deutlich über denen Königs.

Noch während des Deutschen Rundflugs fand am 29. und 30. Juni 1911 der Kathreiner-Flug von München nach Berlin statt. Hellmuth Hirth gewann den ausgesetzten Preis in Höhe von 50 000 Mark. Er hatte die 535 Kilometer lange Strecke mit Passagier in 5 Stunden und 41 Minuten zurückgelegt, mitsamt den vorgeschriebenen Zwischenlandungen in Nürnberg und Leipzig.

Am 21. Juli 1911 überflog Albert Rupp dann als zweiter Pilot Berlin und umkreiste dabei in den frühen Morgenstunden die Siegessäule. Diesen Flug hatte Rupp schon seit längerem angekündigt. Doch erst als er seine Maschine bestieg, sagte er, er wolle eine kleine Luftreise machen; es würde wohl eine Weile dauern, bis er zurückkäme.

Die Johannisthaler Herbstflugwoche des Jahres 1911 fand vom 24. September bis zum 1. Oktober statt. Aus den Wettbewerben ging der Albatros-Pilot Alfred Pietschker als Sieger hervor. Seine Gesamtflugzeit betrug 13 Stunden und 56 Minuten. Die erste deutsche Pilotin, die sich an dieser Flugwoche beteiligte, war Melli Beese. Auf einer Rumpler-Taube erreichte sie den 5. Platz mit einer Gesamtflugzeit von 9 Stunden und 22 Minuten. Als erster Frau gelang es ihr, 2 Stunden und 9 Minuten ununterbrochen in der Luft zu bleiben: das war ein neuer Weltrekord im Dauerflug. Während der Flugwoche kam es erneut zu einem Todessturz. Der 44jährige Paul Engelhard, einer der vorsichtigsten und erfahrensten Piloten, stürzte mit einem Flugschüler aus 30 Metern Höhe ab. Engelhard hatte genau zwei Jahren zuvor als erster Deutscher bei Orville Wright das Fliegen gelernt. Seit dieser Zeit war er Chefpilot der deutschen Wright-Niederlassung. Sein Flugschüler Gerhard Sedlmayr überlebte den Absturz. Über das Verhalten der Zuschauer nach dem Unglück schrieb er: »Es scheint bei Flugplatzkatastrophen eine gewisse Anarchie unter den Zuschauern auszubrechen.[...] Uns armen Fliegern

wird da nämlich gestohlen, was nicht niet- und nagelfest ist. So sah ich meine Mütze und Brille nicht wieder, Kapitän Engelhard fehlte seine wertvolle Krawattennadel. Ich meine, das ist gemeiner Leichenraub, sonst nichts.«

Auch Alfred Pietschker, der Gewinner der Herbstflugwoche, kam am 15. November desselben Jahres bei einem Flugzeugunglück ums Leben, mit einem Eindecker, den er selbst konstruiert hatte.

Allgemeine Luftfahrzeug-Ausstellung, »Nationale Flugspende«, erster Pilotenstreik

Im Frühjahr 1912 wurden in Johannisthal erneut Weltrekorde aufgestellt. So gelang Karl Grulich mit drei jugendlichen Passagieren ein Flug von einer Stunde und 35 Minuten. Noch gab es die Bestimmung nicht, daß ein Rekordflugpassagier 75 Kilogramm zu wiegen hatte, und so wurden bevorzugt junge Leute mitgenommen.

Oben:
Rumpler-Tauben vor der Montagehalle.

Unten:
Rumpler-Tauben werden zur Endmontage vorbereitet. Johannisthal, um 1912.

Plakat des Dreiecks-flugs vom 30. Mai bis 5. Juni 1914. Sieger wurde Max Schüler auf einem Renndop-peldecker der Deut-schen Flugzeugwerke.

Zur selben Zeit wurden auf dem Flugplatz Johannisthal auch die ersten Funkflüge unternommen. Die Telefunken-Gesellschaft rüstete einen Albatros-Doppeldecker mit einer Sende- und Empfangsanlage aus. Aus 600 Metern Höhe und einer Entfernung von 150 Kilometern erreichte man mit dem Gerät die Bodenstation in Nauen.

Vom 3. bis zum 14. April fand in den Ausstellungshallen am Zoo die Allgemeine Luftfahrzeug Ausstellung (ALA) statt, die erste Verkaufsausstellung der Flugzeug-, Motoren- und Zubehörindustrie. Viele der Johannisthaler Firmen, wie z.B. Albatros, Wright, Harlan und Rumpler, stellten dort ihre Erzeugnisse aus. Bei der Eröffnung der ALA rief Prinz Heinrich von Preußen, selbst Flugzeugführer, zu einer »Nationalen Flugspende« auf. Mit ihrer Hilfe wollte man Flugapparate weiterentwickeln, die Ausbildung von Piloten fördern und die Hinterbliebenen verunglückter Flieger unterstützen. Herausragende fliegerische und technische Leistungen sollten darüber hinaus

prämiert werden. Bis zum Jahresende gingen 7,5 Millionen Mark an Spenden ein. Ebenfalls zur Förderung der Flugzeugindustrie stiftete Kaiser Wilhelm II. 50 000 Mark für den besten deutschen Flugmotor. An »Kaisers Geburtstag«, zum ersten Mal im Jahr 1913, sollte der Preis vergeben werden. Der Stiftung lag die Überlegung zugrunde, daß Leistung und Zuverlässigkeit der Flugzeuge vor allem von der Güte des Motors abhängig seien.

Am 20. April 1912 wurde die Deutsche Versuchsanstalt für Luftfahrt gegründet. Sie siedelte sich auf der Adlershofer Seite des Flugplatzes an. Ihre Aufgabe war es, Flugzeuge und Zubehör zu prüfen. Als erstes übernahm die Versuchsanstalt die technische Durchführung des Wettbewerbs um den Kaiserpreis für den besten deutschen Flugmotor.

Die Frühjahrsflugwoche in den letzten Maitagen des Jahres 1912 hatte unter dem ersten Pilotenstreik zu leiden, den der Bund Deutscher Flug-

ALA
Allgemeine
Luftfahrzeug-Ausstellung
BERLIN Ausstellungshallen am Zoo 3.-14. April 1912

zeugführer (BDF) organisierte. Anlaß des Streiks war die ständig steigende Zahl von Unfällen, zum Teil mit tödlichem Ausgang. Die Piloten wollten erst dann fliegen, wenn eine bessere Hilfeleistung bei Unfällen sichergestellt war. Am 24. und 25. Mai kam es zu tumultartigen Auseinandersetzungen, weil der vom Publikum erwartete Flugbetrieb ausfiel. Die Zuschauer erhielten das Eintrittsgeld zurück, und Flugplatzdirektor von Tschudi sorgte an den folgenden Tagen für die Anwesenheit eines Arztes.

An der Flugwoche, die bei windigem Wetter bis zum 31. Mai dauerte, nahmen 17 Flieger mit zehn verschiedenen Flugzeugtypen teil. Der neue Chefpilot der Wright-Werke, Wssewolod Abramowitsch aus Odessa, erreichte am letzten Tag bei einem Passagierflug die Höhe von 2000 Metern. Damit verbesserte er den deutschen Höhenrekord Schendels um etwa 300 Meter.

Der erste internationale Flug, der von Johannisthal aus gestartet wurde, war der Überlandflug von Berlin über Breslau nach Wien. In der Zeit vom 9. bis 12. Juni begaben sich acht Flieger mit Passagieren auf diese 560 Kilometer lange Strecke. Hellmuth Hirth, einer von drei zivilen Piloten, gewann den Wettbewerb, gemeinsam mit seinem Beobachter, dem Husarenleutnant Schöller, auf einer Rumpler-Taube. Mit Zeiten von 4 Stunden und 26 Minuten für die Strecke Berlin – Breslau (309 km), einschließlich einer Notlandung bei Guben wegen einer verölten Zündkerze, und von 2 Stunden und 54 Minuten für die zweite Etappe nach Wien (247 km) erhielt Hellmuth Hirth den Großteil der Geldpreise.

Hellmuth Hirth berichtete über den Fernflug: »Ich muß noch erwähnen, daß ich jedes unnötige Gewicht vermieden hatte, da die Maschine schon überlastet war. Daher kam es auch, daß ich sämtliche Werkzeuge, sogar das Reservematerial [...] zu Hause gelassen hatte. Ich ging soweit, daß ich meinen Passagier bat, möglichst wenig Silbergeld mitzunehmen, nur um Gewicht

Plakat der ersten Verkaufsausstellung der Flugzeug-, Motoren- und Zubehörindustrie in Berlin, April 1912.

zu sparen.« Dies sollte sich bei der Notlandung als Nachteil erweisen. Hirth mußte warten, bis Hilfe kam: »Nach wenigen Minuten tauchte sie in Form eines Radfahrers auf, und für eine Mark erstand ich dessen alten Engländer.« Ferner be-

Links:
Die erste deutsche Flugzeugführerin Melli Beese (im Auto stehend) wirbt 1912 vor dem Brandenburger Tor für die Nationale Flugspende.

Rechts:
Bruno Hanuschke gewinnt am 8. März 1913 die erste Tausendmark-Prämie der Nationalen Flugspende.

nötigte Hirth noch eine neue Zündkerze, um die verölte zu ersetzen. Von den sich zwischenzeitlich eingefundenen Zuschauern erklärte einer, »er habe einen Dreschmaschinenmotor, an dem sei eine Zündkerze vorhanden.[...] Eine Viertelstunde später war ich durch dessen Liebenswürdigkeit in Besitz einer mit Brosamen und allerlei Taschenstaub bedeckten Zündkerze. Ein Landmann brachte mir noch freundlichst in seinem alten Filzhut Wasser zum Nachfüllen des Kühlers.« Danach stand einem Start nichts mehr im Wege, und Hirth erreichte sicher Breslau.

Zwischen den Wettbewerben gab es für die Johannisthaler Piloten weitere Anreize zum Fliegen: kleinere Preise, um die meist sonntags geflogen wurde. Tschudi wollte auf diese Weise regelmäßig publikumswirksame Veranstaltungen sichern. So wurde viele Sonntage um den Manoli-Preis für die längste Flugdauer geflogen. Beim Biomalz-Preis ging es um eine Umrundung der Teltower Nährmittelfabrik auf einem Überlandflug zwischen Johannisthal und Teltow. Doch wegen des zu geringen Preisgelds boykottierten die Flieger anfangs den Wettbewerb.

Von den größeren Überlandflügen verdient der Abramowitschs erwähnt zu werden. Gemeinsam

mit dem Luftschiffer Karl Hackstedter flog er auf einem Wright-Doppeldecker in 21 Tagen von Berlin nach Petersburg; der Start erfolgte am 15. Juli 1912 in Johannisthal.

Am letzten August- und am ersten Septembertag fand der »Flug rund um Berlin« statt: An diesen beiden Tagen mußte die Stadt auf einer rund 100 Kilometer langen Flugstrecke dreimal umrundet werden. Von elf Flugzeugen erreichten sechs in der vorgeschriebenen Zeit das Ziel. Bei günstiger Witterung erwies sich der Flug »Rund um Berlin« als Publikumsmagnet. Den ersten Preis gewann Leutnant a.D. Ernst Krüger in 3 Stunden und 45 Minuten. Die schnellste Runde legte Hellmuth Hirth mit 125 Kilometern pro Stunde zurück.

Für die Berliner Herbstflugwoche vom 29. September bis zum 6. Oktober 1912, die diesmal durch ungünstiges Wetter beeinträchtigt wurde, hatten sich 39 Flieger gemeldet; ein Preisgeld von 42 000 Mark stand zur Verfügung. Erstmals gab es eindeutig militärische Wettbewerbe. Eine am Boden verankerte Luftschiffattrappe von 9 mal 80 Metern mußte aus 50 bis 100 Metern Höhe mit 5 Kilogramm schweren Wurfgeschossen getroffen werden. Das Preußische Kriegsministerium stellte den Ankauf von zwei siegreichen Flugzeugen und der entsprechenden Ziel- und Abwurfgeräte in Aussicht. Sieger wurde Victor Stoeffler, der von einem Eindecker der Luft-Verkehrs-Gesellschaft (LVG) aus vier Treffer er-

waldumgrenzte Flugplatz [...] ist mit großen Tribünen versehen, von denen aus das Flugschauspiel prachtvoll zu beobachten ist [...] An gewöhnlichen Tagen wird in Johannisthal bei gutem Wetter immer von zahlreichen Piloten

Hellmuth Hirth auf einem Rumpler-Renn-eindecker, anläßlich des Flugs Berlin - Wien, Juni 1912. Nach einer zeitgenössischen Lumière-Farbaufnahme.

zielte. Der bekannte Berliner Konstrukteur Bruno Hanuschke beteiligte sich außer Konkurrenz, weil sein Eindecker einen französischen Gnôme-Motor hatte, und nur deutsche Konstruktionen zugelassen waren. Hanuschke zeichnete sich durch einen waghalsigen Aufstieg bei stürmischem Wetter mit Windstärken bis zu 20 Metern pro Sekunde aus; keiner seiner Konkurrenten hatte einen Start gewagt. Er erhielt dafür einen Sonderpreis in Höhe von 1000 Mark – und hatte von nun an den Beinamen »Sturmflieger«.
Auch diese Flugwoche wurde wieder von einem tödlichen Unfall überschattet. Fünfzehn Minuten vor Veranstaltungsende geriet das Flugzeug Ernst Aligs in Brand; bei dem Versuch einer Notlandung kamen der Pilot und sein Fluggast ums Leben.
Das letzte herausragende Ereignis des Jahres 1912 war ein Flug von Alfred Friedrich, der mit 5 Stunden und 10 Minuten am 5. Dezember einen neuen deutschen Dauerrekord aufstellte.
Im Jahr 1912 war der Flugplatz Johannisthal bereits fester Bestandteil des Berliner Sportlebens. Ein Berliner Stadtführer weist Johannisthal als lohnendes Ausflugsziel auf. »Auf dem Flugplatz [...] steht ein ganzer aviatischer Park. Der riesige

und deren Schülern geflogen, und der Zuschauer kommt fast stets auf seine Rechnung. Er kann auch in die Schuppen einen Blick tun, und wenn er Lust dazu hat und ihm nicht bänglich ist, selbst als Passagier emporsteigen, ein Vergnügen, das bei einer Dauer von einer Viertelstunde und etwa drei Runden 50 Mark kostet.«

Flugzeugrennen, Fernflug Berlin – Paris, neue Höhenweltrekorde, Kunstflug

Die Frühjahrsflugwoche vom 25. Mai bis zum 1. Juni 1913 brachte eine Neuerung: ein Flugzeugrennen. Für das Rennen hatte man auf dem Platz sechs Startbahnen nebeneinander angelegt, sechs Flugzeuge konnten also gleichzeitig starten und eine vorgeschriebene Wendemarke umrunden. Aus Sicherheitsgründen erhielt jedes Flugzeug eine eigene Wendemarke zugeteilt. Ein Wettbetrieb, ähnlich wie bei Pferderennen, wurde jedoch nicht genehmigt. Sieger des Luftrennens wurde Felix Laitsch, vor Bruno Hanuschke. Neben dieser Neuerung fanden auch die üblichen Wettbewerbe statt.
Bei Fernflügen stand 1913 die Strecke Berlin – Paris im Blickpunkt des Interesses. Bereits am

Alltag in Johannis-thal: Begegnung zwischen einer Taube und einem Zeppelin, 1913.

18. April war der Franzose Daucourt in 7 Stunden und 40 Minuten von Paris nach Berlin geflogen. Für die entgegengesetzte Strecke war der mit 10 000 Mark dotierte Batschari-Preis ausgeschrieben. Am 12. Juli gewann diesen Preis der Schweizer Edmond Audemars. Innerhalb eines Tages hatte er, wie es das Reglement vorsah, Paris erreicht.

Die Besuche französischer Flieger häuften sich in Johannisthal. So landete z.B. am 6. August Janoir, aus Paris kommend, auf dem Flugplatz und flog zwei Tage später nach Petersburg weiter. Immer noch hatte das Ausland einen Vorsprung in der Flugtechnik. Im September gelang es dann Alfred Friedrich als erstem deutschen Piloten, nach Paris zu fliegen.

Am 30. und 31. August fand, wiederum sehr publikumswirksam, zum zweiten Mal das Rennen »Rund um Berlin« statt. Erster wurde Anton Baierlein auf einem Otto-Eindecker in 3 Stunden, einer Minute und 54 Sekunden. Er erhielt dafür ein Preisgeld von mehr als 28 000 Mark. Die Geschwindigkeit für die schnellste Runde betrug 116 Kilometer pro Stunde.

Die Herbstflugwoche 1913 dauerte vom 28. September bis zum 5. Oktober. Ihr Held wurde Josef Sablatnig, der mit seinem Union-Pfeil-Doppeldecker mehrere Höhenweltrekorde mit zwei bis fünf Passagieren aufstellte. Im Wettbewerb um die größte Geschwindigkeitsspanne siegte Robert Thelen mit seinem von Ernst Heinkel konstruierten Albatros-Doppeldecker. Seine Höchstgeschwindigkeit betrug 105 Kilometer pro Stunde; die geringste Geschwindigkeit lag bei 70 Kilometern pro Stunde.

Vom 23. bis 25. Oktober ereignete sich eine Sensation in Johannisthal, die wiederum Hunderttausende zum Flugplatz zog. Auf einem Blériot-Eindecker führte der Franzose Adolphe Pégoud Kunstflug vor. Er vollführte Flüge, die man kaum für möglich gehalten hatte: Loopings, Rollen, kurze Rückenflüge, Törns, Sturzflüge. Außergewöhnlich war der umgedrehte Looping, d.h. der Schleifenflug nach unten, eine Flugfigur, die erst 1928 von Gerhard Fieseler wieder in die Praxis des Kunstflugs eingeführt wurde. Flugplatzdirektor von Tschudi berichtete über das Ereignis: »Rings um den Flugplatz standen in Hunderten

Start zum 2. Wettbewerb »Rund um Berlin« am 30. September 1913 in Johannisthal.

Der französische Kunstflieger Adolphe Pégoud während seines Besuchs in Johannisthal, Oktober 1913.

von Metern Dicke die Menschen, alles glatt tretend und mit Stullenpapier bedeckend, wie das so Berliner Art ist.[...] Aber die Gemeinde Johannisthal war betrübt über den Reichtum von Stullenpapier rings um den Flugplatz.« Nach Auseinandersetzungen zwischen dem Gemeindevorsteher und der Flugplatzverwaltung einigte man sich auf die Zahlung von 200 Mark, um die entstandenen Schäden zu begleichen.

Eine Glanzleistung des Jahres 1913 vollbrachte Felix Laitsch. In ununterbrochenem Flug erreichte er in 9,5 Stunden Königsberg – ein neuer Weltrekord.

Auch an der Ausbildung deutscher Flugzeugführer war Johannisthal maßgeblich beteiligt. Etwa die Hälfte aller deutschen Piloten wurde 1913 hier geschult. Für die Übungen im Nachtflug stattete man den Platz extra mit Kennungen und Leuchtfeuern aus.

Am 17. Oktober 1913 rückte Johannisthal mit einem furchtbaren Unglück in die Schlagzeilen. Das neue Marineluftschiff »L 2«, das seit dem 20. September in Johannisthal für Versuchs- und Übungsflüge stationiert war, geriet nach dem

Aufstieg in etwa 300 Metern Höhe in Brand und explodierte. Innerhalb weniger Sekunden wurde der Zeppelin vollständig zerstört; 28 Todesopfer waren zu beklagen.

*Lageplan des Flug-
platzes Johannisthal,
Sommer 1914.*

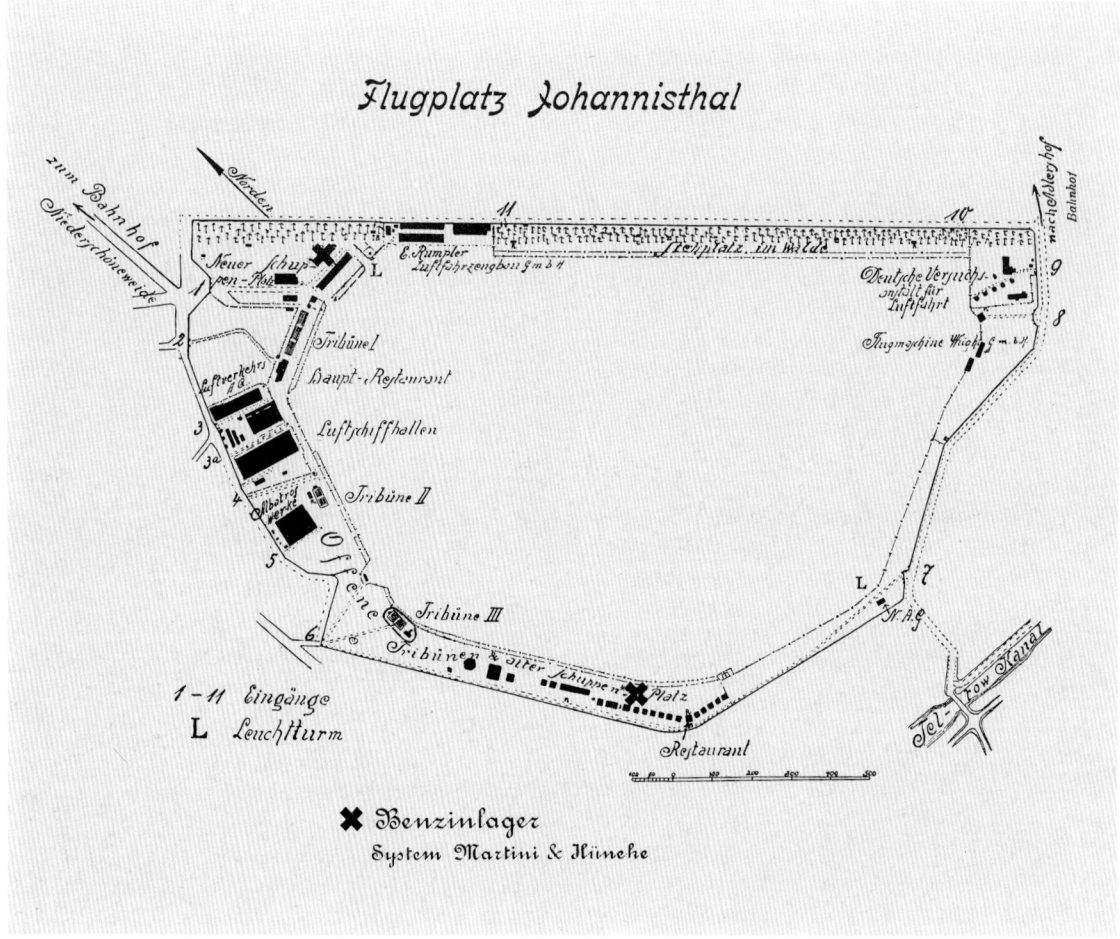

Deutsche Weltrekorde, der Dreiecksflug, das Ende der Zivilluftfahrt

Die Zeit bis zum Kriegsbeginn brachte nochmals einen Aufschwung im deutschen Flugwesen. Die Weltrekorde für Dauer, Höhe und Distanz gingen in deutsche Hände über. Im August 1914 wurde nur noch der Geschwindigkeitsrekord von einem Franzosen gehalten. Bemerkenswert war vor allem der Dauerweltrekordflug von Reinhold Boehm im Juli 1914: ein Flug von mehr als 24 Stunden. Dieser Rekord blieb bis 1927, dem Jahr von Charles Lindberghs Ozeanflug, ungebrochen.

Guido Linnekogel stellte einen neuen Höhenweltrekord mit Passagier auf: Er erreichte am 24. März eine Höhe von 5500 Metern. Am 9. Juli errang er auch den Höhenweltrekord ohne Passagier. Die Rekordhöhe betrug 6600 Meter.

Ende März 1914 kam der umjubelte Kunstflieger Adolphe Pégoud zum zweiten Mal nach Johannisthal, um seine waghalsigen Flugfiguren zu zeigen. Der Kunstflug fand auch in Johannisthal immer mehr Anhänger. Zum bekanntesten Kunstflugpiloten in Deutschland entwickelte sich der in Johannisthal tätige Holländer Anthony Fokker. Auch Otto Breitbeil gelang es, die Flugfiguren Pégouds nachzufliegen, eine um so größere Leistung, als sein LVG-Doppeldecker um vieles schwerer war als die Maschinen von Pégoud und Fokker.

Das größte Ereignis des Jahres 1914 war jedoch der Dreiecksflug, ein Überlandrennen, das vom 30. Mai bis zum 5. Juni ausgetragen wurde. Dreimal war in vorgeschriebenen Etappen die Strecke Berlin – Leipzig – Dresden zu durchfliegen. Gemeldet waren zu diesem Wettbewerb 43 Flugzeuge.

Schon der Start in Johannisthal zeigte den Fortschritt in der Flugzeugtechnik: In etwas mehr als zwanzig Minuten stiegen 35 Flugzeuge in die Luft. Eindrucksvoll war der Flug von Robert Janisch. Sein LVG-Schneider-Eindecker erreichte eine Geschwindigkeit von fast 165 Kilometern pro Stunde. In der Gesamtwertung kam Janisch auf den zweiten Platz. Sieger wurde Max Schüler. Er durchflog sieben Etappen als schnellster und gewann 14 600 Mark.

Der Dreiecksflug stellte die nunmehr erreichte Leistungsfähigkeit deutscher Maschinen unter Beweis. Sie bewährten sich in einem solchen Maße, daß der »Flugsport«, die führende Luftfahrtzeitschrift, prophetisch schrieb: »Die nahe beieinanderliegenden Flugplätze Johannisthal, Leipzig, Dresden sind dazu wie geschaffen, den Traum der Menschheit vom Luftverkehr in die Wirklichkeit zu übersetzen.«
Eine Frühjahrsflugwoche fand 1914 nicht statt. Überhaupt hatte sich der Flugplatz Johannisthal verändert. Aus den Werkstätten einzelner, zunächst noch belächelter Individualisten waren in der Zwischenzeit richtige Fabriken geworden.

Im August 1914 hatte Johannisthal sechs größere Flugzeugfabriken: Albatros, Rumpler, AGO (Aviatiker Gustav Otto), Jeannin, LVG und LFG (Luftfahrzeug-Gesellschaft). Die Einzelkonstrukteure wurden zunehmend verdrängt.
Der Ausbruch des Ersten Weltkriegs bereitete jedoch der Entwicklung der Zivilluftfahrt auf Jahre ein Ende. Alle Ideen, deren Ausführung in greifbare Nähe gerückt war, wie die Post- und Frachtbeförderung sowie die regelmäßige Passagierluftfahrt, konnten vorerst nicht verwirklicht werden.
Das Flugzeug wurde zur Waffe, Johannisthal zur Waffenschmiede.

Anthony Fokker fliegt auf seinem schnellen und leichten Militär-Eindecker über Johannisthal, 1914.

Martin Kutz

DAS FLUGZEUG ALS WAFFE – DER ERSTE WELTKRIEG ALS EXPERIMENTIERFELD DES LUFTKRIEGS

Der Ausbruch des Ersten Weltkriegs war für die Zeitgenossen kein überraschendes Ereignis, aber die meisten Erscheinungsformen dieses Kriegs waren so neu, so überdimensioniert und unübersichtlich, daß keines der strategischen Konzepte aus der Vorkriegszeit noch griff.

Es war der erste Industriekrieg zwischen hochentwickelten Industrienationen. Darauf war keine der kriegführenden Nationen wirklich vorbereitet. Für die grundlegenden Fragen der Kriegführung, der Kriegswirtschaft, der zivilen Organisation der kriegführenden Gesellschaften bis hin zur Sicherung simpler Ernährungsfragen standen keine Erfahrungen zur Verfügung, an die man hätte anknüpfen können. So konnte sich der Erste Weltkrieg in jeglicher Hinsicht wildwüchsig ausbreiten und entzog sich selbst auf strategischem Gebiet weitgehend der Planung.

Dies gilt in gesteigerter Weise für den Luftkrieg und die Militärluftfahrt im Ersten Weltkrieg. Sie befanden sich in einem so frühen Entwicklungsstadium, daß erst in der Rückschau unserer Zeit das für den Zeitgenossen kaum entwirrbare Neben- und Durcheinander von Erscheinungsformen und Strukturen Konturen gewinnt.

Die Militärluftfahrt vor dem Krieg

Die Ursprünge der Militärluftfahrt gehen weiter zurück, als der Laie normalerweise glaubt. Schon während der Revolutionskriege um 1800 wurden Heißluftballons benutzt, um damit militärische Aufklärung zu betreiben. Systematisch ausgebaut und auf einen relativ modernen Stand gebracht wurde dieses Instrument in Deutschland seit Ende der achtziger Jahre des 19. Jahrhunderts. Aus diesen Versuchen entstand etwa zehn Jahre später der Luftschiffbau, der überwiegend mit dem Namen des Grafen Zeppelin verbunden ist.

Das technische Problem der Modernisierung des alten Ballonwesens stellte sich auf zwei Ebenen. Man wollte den Ballon wetter- und windunabhängig lenken können und zugleich eine militärisch verwendbare Nutzlast mit dem Gerät transportieren. Um 1910 gab es dann im wesentlichen drei Typen lenkbarer Luftschiffe: sogenannte Prallschiffe, die keine starren Elemente im Flugkörper hatten, die halbstarren und die starren Luftschiffe. Letztere waren die Zeppeline, die dann auch in den letzten Vorkriegsjahren staatlich – und das heißt militärisch – finanziell gefördert wurden und für lange Zeit das Denken der Militärs beherrscht haben. Graf Zeppelin war Volksheld, und die militärischen Luftschiffer des Ersten Weltkriegs wurden als nationale Helden gefeiert.

Das Flugzeug spielte demgegenüber zunächst gar keine Rolle. Deutsche Militärs waren daran geradezu demonstrativ desinteressiert. Zwar begann man auch den Flugzeugbau und das Flugwesen zu unterstützen, nachdem deutlich geworden war, daß die frühen Flugmaschinen eine schnelle technische Entwicklung durchmachten und der Zeitpunkt absehbar war, an dem auch Flugzeuge militärisch genutzt werden konnten. Richtig in Gang gesetzt wurde die Entwicklung aber erst, als man feststellen mußte, daß die französische Armee mit enormen Mitteln gerade das Flugzeug – und nicht wie in Deutschland das Luftschiff – förderte.

Die Entwicklung des Zeppelins ist seit 1910 ohne militärische Unterstützung und ohne die technische Orientierung an militärischen Forderungen gar nicht mehr vorstellbar. So wurden bereits vor dem Krieg die meisten Zeppeline vom Militär aufgekauft. In den letzten Jahren vor Kriegsbeginn lief in den Zeppelinwerken eine begrenzte Serienproduktion an, die auch durch Abnahme der Produktion subventioniert wurde.

Bei der Entwicklung von Flugzeugen und dem Aufbau einer Flugzeugindustrie wurde diese Abhängigkeit vom Militär noch gesteigert. Mit Ausnahme weniger ziviler Abenteurer war das Militär der einzige Abnehmer. Seine Anforderungen setzten die Maßstäbe für technischen Standard und ökonomischen Erfolg.

Das Militär formulierte derart weitgesteckte technische und Mengenziele, daß die Flugzeugwerke – seit Deutschland 1912 das Wettrüsten im Flugzeugsektor aufgenommen hatte – mit den Lieferungen nicht nachkommen konnten. Zugleich hatte das Militär große Schwierigkeiten, bei diesem Tempo in der Ausbildung von Flugpersonal mitzuhalten, geschweige denn im Aufbau der In-

Links:
Deutscher Feldflughafen mit Albatros- und Fokker-Jagdeinsitzern an der Westfront, 1917.

frastruktur und in der Aufstellung von Truppen-
einheiten zur technischen Organisation und taktisch-operativen Führung.

Durch diesen massiven Schub in der Flugzeug-
herstellung wurde der Flugzeugbau für Ingenieure und Investoren attraktiv, so daß sich schnell
viele kleine Firmen etablierten und den Militär-

sprung beim Bau von Zeppelinen gegenüber
Frankreich. Dieser Umstand führte zu einer
Überschätzung des militärischen Werts der Luftschiffahrt und deshalb auch zu enormen Fehlin-
vestitionen auf diesem Gebiet. Den Vorsprung
der französischen Entwicklung im Flugzeugbau
konnte Deutschland vor dem Krieg zwar nicht

Luftrüstungskosten in Frankreich und Deutschland 1910 – 1914

Jahr	Deutschland				Frankreich			deutsche Ausgaben in % der französischen	
	Gesamtkosten Mark	Luftschiff- sektor Mark	Flugzeug- sektor Mark	% der Gesamt- kosten	Gesamtkosten Mark	Flugzeug- sektor Mark	Flugzeugsektor % der Gesamtkosten	gesamt	Flug- zeug sektor
1910	3 918 400	3 610 900	307 500	7,8	4 170 000	2 080 000	49,9	94,0	14,8
1911	4 653 500	2 294 400	2 359 100	50,7	12 224 000	7 810 000	63,9	38,1	30,2
1912	10 098 550	6 139 400	3 959 150	39,2	26 024 000	18 968 000	72,9	38,8	20,9
1913	39 985 650	22 510 550	17 475 100	43,7	32 969 000	23 808 600	72,2	121,3	73,4
1914	62 759 350	35 729 750	27 029 600	43,1	37 388 000	23 406 000	62,6	167,8	115,5

In diesen Kosten sind weder Personalkosten noch der Kasernenbau enthalten, sondern nur Anschaffung, Unterhalt,
Betriebs- und Ausbildungskosten im engeren Sinne. Beim Luftschiffbau auch die technische Infrastruktur, wie Hallen,
Gasanstalten etc.

Nach: Die Militärluftfahrt bis zum Beginn des Weltkrieges 1914, Textband, 2. Aufl. Frankfurt 1965

behörden immer neue Modelle anboten. Da vom
Entwurf auf dem Zeichenbrett bis zur Abliefe-
rung des Prototyps meist weniger als ein halbes
Jahr verging, kann man sich vorstellen, wie
schnell auch die Verbesserung der Leistungsfähigkeit dieser frühen Flugmaschinen voranging.
Einzig die Entwicklung und Konstruktion von
immer leistungsfähigeren Flugmotoren hemmte
das Entwicklungstempo. Der Bau solcher Motoren war soviel schwieriger und zeitaufwendiger,
daß er bis zum Ende des Kriegs der Hauptengpaß
blieb. Hier zeigten sich schon vor dem Krieg
Grenzen der ökonomischen Leistungsfähigkeit
Deutschlands.

Vor dem Krieg hatte Deutschland einen deutli-
chen, auf Jahre veranschlagten Entwicklungsvor-

mehr einholen, es konnte diesen Vorsprung aber
wesentlich verkürzen und bereits 1915 die französischen Flugzeuge auch technisch überrunden.
Beides, die Entwicklung des Luftschiff- und die
des Flugzeugbaus, hat erhebliche finanzielle Mittel verschlungen. Die Tabelle der Ausgaben für
Militärluftfahrt der beiden Hauptkonkurrenten
Frankreich und Deutschland zeigt nicht nur den
Umfang des Wettrüstens, sie läßt auch die Wei-
chenstellungen und die unterschiedliche Ausga-
benpolitik beider Staaten erkennen (siehe oben).
Die deutschen Zahlen zeigen zudem, daß das
Deutsche Reich seit 1912 gezielt auf einen Krieg
hinarbeitete.

Treibende Kraft in der Militärfliegerei war der
große Generalstab, besonders sein Chef, der jün-

gere Helmuth Graf von Moltke, Neffe des Siegers von 1870/71. Moltke hatte sehr viel früher als andere Militärs in Deutschland die Möglichkeiten des Flugzeugs erkannt. Ihm schwebten schon Flugzeuge mit unterschiedlichen Aufgaben vor. So forderte er einen Typ, der für die taktische Aufklärung aus der Luft und für die Aufnahme eines Artilleriebeobachtungsoffiziers geeignet sei, um bei der weitreichenden und indirekt schießenden Artillerie deren Feuer ins Ziel zu lenken. Darüber hinaus verlangte Moltke aber auch einen Flugzeugtyp für operative, tief ins Feindesland reichende Aufklärung. Ein um soviel stärkeres Flugzeug sollte auch bewaffnet und mit Bomben beladen werden können und zur Unterstützung der Heerestruppen eingesetzt werden. Waren auch die Flugzeuge technisch noch nicht dazu in der Lage, so war doch abzusehen, daß sie es bald sein würden.

Auf solche Überlegungen stützte sich das Rüstungsprogramm Moltkes vom September 1912, das dann in wesentlichen Zügen die Fliegertruppe schuf, die am Anfang des Weltkriegs eingesetzt wurde. Dabei mußte Moltke recht starke Widerstände im Kriegsministerium überwinden, weil dort und in den nachgeordneten Behörden nahezu alle Verantwortlichen auf die Förderung und den Ausbau der Luftschifferei fixiert waren und dem Flugzeug nicht die gleiche Priorität zubilligen wollten, wie es der Chef des Generalstabs tat. Bei Moltke sind aber schon in diesem frühen Stadium gedanklich die wesentlichen Elemente des zukünftigen Luftkriegs erkennbar, wenn er auch die praktische Bedeutung, vor allem die des Bombenkriegs, völlig überschätzte.

Flugzeug und Zeppelin als neue Dimension der Kriegführung

Bei Kriegsbeginn standen der Truppe 254 ausgebildete Flugzeugführer und 271 Beobachter – die aus dem Flugzeug heraus ihre Beobachtungen machen sollten – zur Verfügung, ein Bestand an Flugzeugführern, den die französische Armee schon 1912 erreicht hatte. Die Truppe war in 41 Fliegerabteilungen gegliedert und überwiegend den Korps und Armeen unterstellt. Dazu kamen noch einige rückwärtige Dienste, vor allem fünf Abteilungen, die, aufs engste angelehnt an zehn Flugzeugwerke, die Fliegerausbildung zu betreiben hatten. Eine zentrale Führungsinstanz für den taktisch-operativen Einsatz fehlte völlig.

Die deutsche Marine hatte ihre eigene Entwicklung eingeschlagen. Zum einen war das technisch bedingt, weil ein erheblicher Teil ihrer Flugzeuge Wasserflugzeuge waren oder sein sollten. Entscheidend aber war, daß es weder vor noch im Krieg eine militärische Koordination der beiden Teilstreitkräfte durch eine gemeinsame Führungsinstanz gab. Inklusive Bodenpersonal hatte die Marine 1914 nur 200 Soldaten der Fliegertruppe und nur sehr wenige verwendungsfä-

hige Flugzeuge. Die Marine setzte lange Zeit, länger als das Heer, auf die Luftschiffe.

So ist es kein Wunder, daß die spezifischen Möglichkeiten des Militärflugwesens nicht hinreichend bedacht wurden und beide Teile der bewaffneten Macht, Heer wie Marine, das Flugwesen als reine Unterstützungstruppe für ihre eigenen Zwecke betrachteten. Eine organisatorische Zentralisierung auch nur für das Heer oder die Marine blieb noch lange aus. Der Weg zu einer selbständigen Teilstreitkraft, den England gegen Ende des Kriegs beschritt, war deutschen militärischen Dienststellen nicht einmal denkbar.

So hatte das Flugzeug in den ersten Kriegsmonaten als durchweg unbewaffnetes Instrument Beobachtungen über Truppenkonzentrationen, Bewegungen, Depots und Stellungen des Feindes zu liefern. Es wurde während des Bewegungskriegs zur Fernaufklärung eingesetzt und hat dabei offenbar gute Dienste geleistet. Mit Beginn des Stellungskriegs verlagerte sich der Bedarf aber auf die taktische Nahaufklärung. Diese bewirkte, besonders dann, wenn durch sie das Artilleriefeuer besser ins Ziel gelenkt werden konnte, eine solche Steigerung der Feuerwirkung, daß es für beide Seiten eine Frage des Überlebens ihrer Truppen wurde, den Feind an dieser Art von Aufklärung zu hindern. Das war nur möglich durch Luftabwehr und Luftkampf. Man mußte den feindlichen Beobachter vertreiben oder vernichten.

Das Militär-Luftschiff LZ 77 beim Start zum Einsatz an der Westfront. Sein erster Flug fand am 26. Oktober 1916 statt, 1917 wurde es in Darmstadt abgerüstet.

Luftschiff-Angriff auf die Docks von London in der Nacht zum 1. Juni 1915. Zeichnung von Willy Stöwer, »Leipziger Illustrirte Zeitung«.

Das Hauptproblem lag im Herbst und Winter 1914/15 deshalb darin, eine für den Luftkampf geeignete Bewaffnung zu finden. Sich auf Rufweite von Bord zu Bord mit Pistolen oder Gewehren zu beschießen, brachte nichts, denn das Zielen war kaum möglich beim Schütteln und Rütteln der kleinen Maschinen. Man wußte zwar, daß ein starr vor den Augen des Piloten eingebautes Maschinengewehr die wahrscheinlich beste Waffe sein würde, hätte dann aber in die Propeller der einmotorigen Maschinen geschossen und sich selbst damit mehr gefährdet als den Gegner.

Dieses Problem wurde von einem französischen Modell vorläufig gelöst, indem man Stahlplatten so auf dem Propeller befestigte, daß die Geschosse von ihnen abgelenkt und nur die restlichen in die gewünschte Flugbahn gebracht wurden. Am 1. April 1915 schoß der französische Fliegeroffizier Roland Garros damit ein deutsches Flugzeug ab und wiederholte diesen Erfolg mehrmals, bis er mit seiner Maschine hinter den deutschen Linien notlanden mußte.

Der niederländische Flugzeugbauer Anthony Fokker wurde damit beauftragt, ein ähnliches Flugzeug zu bauen, und es gelang ihm, in eine technisch ausgereifte Maschine ein mit dem Motor synchronisiertes starres MG einzubauen. Die Fokker-Eindecker-Maschine wurde das erste spezialisierte deutsche Jagdflugzeug, das vom Sommer 1915 bis März/April 1916 zur todbringenden Plage der alliierten Flugzeuge wurde. Einer ihrer ersten Flugzeugführer, Oswald Boelcke, wurde auf ihr mehr oder weniger zum Begründer der deutschen Jagdfliegerwaffe.

In der hinteren Gondel eines Luftschiffs während des Flugs durch die feindliche Luftsperre. Nach einem Aquarell von Felix Schwormstädt, 1917.

Bis zum Mai 1915 hatte sich die Heeresfliegertruppe von 41 (1914) auf 74 Fliegerabteilungen, ein Fliegerkorps von 36 Maschinen bei der obersten Heeresleitung und elf Ersatzabteilungen für die Ausbildung vermehrt. Die Spezialisierung der Fliegerei für unterschiedlichen Bedarf zeichnete sich als unabwendbar ab. Die Marinefliegerei war aber noch nicht sehr weit fortgeschritten, weil die Seetüchtigkeit der Flugzeuge besondere technische Probleme mit sich brachte, die erst im Kriegsverlauf gelöst werden konnten.

Deutschlands rüstungspolitische Grundsatzentscheidung aus der Vorkriegszeit, nämlich den Luftschiffbau und den Flugzeugbau parallel weiterzutreiben, blieb auch für den Krieg gültig. So lassen sich weiterhin zwei Stränge der Luftkriegführung feststellen. Allerdings hat das Heer schon bald das Interesse am Luftschiff verloren, so daß es zum Teil sogar seine Luftschiffe an die Marine weitergegeben hat.

Die Folgen der strategischen Fehlentscheidung zugunsten des Luftschiffs

Der deutsche Luftschiffbau war schon vor Kriegsbeginn führend. Die Luftschiffe waren – trotz ihrer sichtbaren Größe – von den Abmessungen und der technischen Leistungsfähigkeit her gesehen zu klein, um als Kampfinstrumente – vor allem als Bombenträger – zu dienen. Heer und Marine benutzten sie deshalb als Fernaufklärer. Dabei stellte sich schnell heraus, daß die Heeresluftschiffe durch Beschuß vom Boden aus sehr gefährdet waren. Außerdem waren diese Luftfahrzeuge sehr wetterempfindlich. Da die Antriebsmotoren im Verhältnis zur Größe der Luftschiffe zu schwach waren, war der Einsatz auf günstige

den am 6. August 1914 über Lüttich ganze 200 Kilogramm Bomben abgeworfen, das Luftschiff aber durch Beschuß so beschädigt, daß es eine Notlandung machen mußte.

Eine Episode kennzeichnet zugleich die militärische Fehleinschätzung des neuen Kriegsinstruments. Am 21. August 1914 sollte ein Luftschiff

Zerstörte Häuser nach einem Luftschiffangriff auf London.

Wetterbedingungen, besonders auf schwache Winde angewiesen, denn eine Geschwindigkeit von mehr als 40 bis 70 Kilometern pro Stunde war mit diesen Geräten nicht erreichbar.

Auch war der Luftschiffbau – wie der Betrieb – höchst aufwendig. Wegen der Wetterempfindlichkeit brauchten diese Riesen ebenso große starre, wetterfeste Hallen, enorme Gasmengen zur Füllung der Schwebekörper, sehr viel mehr Flugpersonal als das Flugzeug und – wie schon der Zwang zum Hallenbau gezeigt hat – eine höchst kostspielige und personalintensive Bodenorganisation.

Kurzfristig war aber das Luftschiff dem Flugzeug insofern überlegen, als es allein durch Vergrößerung des Auftriebskörpers zu einem Bombenflieger gemacht werden konnte. Dies haben Heeres- und Marineleitung dann auch betrieben. Beim ersten Bombenflug eines Heeresluftschiffs wur-

Bomben über Antwerpen, Zeebrügge, Dünkirchen, Calais und – beim Rückflug – über Lille abwerfen. Das Schiff hatte eine Nutzlast von 6735 Kilogramm. Bei rund 810 Kilometern Flugentfernung benötigte es 2600 Kilogramm Treibstoff. Abzüglich des Gewichts der Besatzung blieben 1200 Kilogramm für Bomben. Bomben gab es aber noch nicht. Man mußte deshalb Artilleriegranaten abwerfen, die bei 125 Kilogramm Gewicht nur 15 Kilogramm Sprengstoff hatten. Man wollte also Bombenkrieg gegen fünf Städte mit 150 Kilogramm Sprengstoff führen!

Im Mai 1915 hatte das Heer im Westen vier solcher Luftschiffe zur Verfügung und meinte, damit Bombenkrieg führen zu können. Selbst wenn die neuen Bomben im Zielgebiet abgeworfen wurden und gegenüber den Granaten von 1914 schon ein Vielfaches an Sprengwirkung im Verhältnis zum Gewicht hatten, war der Effekt

Bomben ins Meer und kehrte nach Deutschland zurück, meldete dort aber, erfolgreich London bombardiert zu haben. Die anderen wurden so unter Beschuß genommen, daß sie ihre Bomben irgendwo im Umkreis Londons abwarfen. Nur 60 Bomben trafen die Stadt, ohne großen Schaden anzurichten. Die einzigen Toten (4) und Verwundeten (16) gab es etwa 100 Kilometer nördlich von London, wo ein Gasometer getroffen wurde.

höchst fragwürdig. So berichten deutsche Quellen von einem erfolgreichen Angriff auf Harwich, die detaillierten britischen Aufstellungen registrieren aber den Abwurf von 76 Bomben in East Anglia, also irgendwo auf dem platten Land in der weiteren Umgebung von Harwich. Derlei Diskrepanzen zwischen den Erfolgsmeldungen deutscher Luftschiffe und den penibel registrierten Schäden und Menschenopfern auf britischer Seite könnten noch lang fortgesetzt werden.

Die eigentliche Initiative im Bombenkrieg gegen England ging von den Marineluftschiffen aus. Ihr erster Angriff hatte schon am 19. Januar 1915 stattgefunden und ziemliches Aufsehen erregt. In England wurde wegen der Wiederholung solcher Angriffe und der anfänglich panikartigen Reaktion der Bevölkerung eine starke Luftabwehr aufgebaut, die die deutschen Luftschiffe in immer größere Höhen zwang und damit ihre Treffergenauigkeit und Zerstörungskraft verminderte. In Deutschland entstand – auch durch die propagandistische Überhöhung dieser Pseudo-Erfolge – eine Luftschiffeuphorie, die die Luftschiffe unter massiven Erfolgszwang setzte, dem sie schon auf Grund der technischen Voraussetzungen nicht gerecht werden konnten.

Trotzdem wurden die Luftangriffe bis November 1916 fortgesetzt. Dann mußten sie abgebrochen werden, weil britische Jagdflieger mit einer Brandmunition ausgerüstet wurden, womit sie die hochexplosive Gasfüllung der Luftschiffe in Brand schießen konnten.

Den größten Luftschiffangriff auf London flogen die deutschen Kräfte in der Nacht vom 2. zum 3. September 1916. Vierzehn Luftschiffe wurden losgeschickt. Sie sollten einen entscheidenden Schlag führen. Doch die britische Abwehr war auf der Hut. Ein Teil der Luftschiffe warf seine

Entscheidend aber war, daß es dem englischen Jagdflieger W. Leefe Robinson gelang, mit der neuen Brandmunition ein Luftschiff zur Explosion zu bringen. Der Feuerball war Dutzende von Kilometern weit zu sehen. Damit war das Luftschiff technisch besiegt.

Die Reaktion auf die Flugabwehr der Briten war eine Vergrößerung der Luftschiffskörper auf das rund Vierfache. Man konnte so bis auf 6000 Meter Höhe steigen, außerhalb der Reichweite von Scheinwerfern und Bodenabwehr. Aber auch das war eine Fehlentwicklung. Die Motoren leisteten

Eine Fokker Dr. I, Nachbau unter Verwendung historischer Teile.

Eine Jeannin-Stahltaube A. 180/14, restauriert vom Museum für Verkehr und Technik Berlin.

in diesen Höhen nicht genug, die Temperaturen in den unbeheizten Kabinen fielen auf bis zu – 40 Grad Celsius, und die Höhenkrankheit machte die Besatzungen arbeitsunfähig. Die letzten Angriffsversuche im Frühjahr 1918 mußten so militärisch scheitern.

Was hat der Aufwand gebracht? Heer und Marine hatten zusammen 123 Luftschiffe in Dienst gestellt. Davon gingen durch Feindeinwirkung 40 verloren. Fast genauso groß war der Verlust ohne Feindeinwirkung, nämlich 39 Schiffe. Von diesen fielen allein 17 den Wetterverhältnissen zum Opfer. 31 Luftschiffe mußten wegen technischer Unbrauchbarkeit verschrottet werden.

Erreicht hatte man bei den Luftangriffen auf England den Abwurf von etwa 5800 Bomben, die insgesamt 564 Menschen töteten und 1370 verletzten. Der materielle Schaden belief sich auf rund 1,5 Millionen Pfund Sterling, entsprechend 30 Millionen Mark damaligen deutschen Geldes. Der Bau, der Unterhalt und die Infrastruktur dieses Waffensystems waren um ein Vielfaches teurer gewesen als seine Zerstörungserfolge.

Allerdings hatten die Aufklärungsfahrten der Luftschiffe bei Heer und Marine lange Zeit im Vordergrund der militärischen Aktionen gestan-

Oben:
Ein Junkers Eindecker
J 1 auf dem Militär-
flugplatz in Berlin-
Adlershof, 1915.

Unten:
Auf einem Marine-
flugplatz: Das Ma-
schinengewehr wird
kurz vor dem Abflug
überprüft, 1915.

noch intakt waren, wurden sie als Schul-, Melde- und Verbindungsflugzeuge im Hinterland genutzt.

Das Grundproblem wurde die Bordbewaffnung. Der erste Durchbruch in dieser Frage war Anthony Fokker mit dem durch den Motor synchronisierten, starr eingebauten Maschinengewehr beim Jagdflugzeug gelungen. Der Pilot im Einsitzer konnte nun schießen, wenn es ihm gelang, sein Flugzeug, wie sonst nur die Waffe selber, in Schußposition zu bringen. War das Jagdflugzeug nun schnell genug, hatte es eine gute Steigfähigkeit und Dienstgipfelhöhe (die Höhe, bei der dem Flugzeugführer noch eine festgelegte Leistung der Maschine garantiert werden konnte), und war es für die Luftkampfakrobatik wendig genug, so war es als Flugzeugtyp ausgereift. Im Lauf des Kriegs zielten die technischen Entwicklungsvorhaben deshalb ausschließlich darauf, jede dieser Leistungen zu steigern und optimal miteinander zu verbinden. Besaßen die deutschen Jagdflieger mit der ersten Fokker-Jagdmaschine bis zum Frühjahr 1916 ein überlegenes Waffensystem, das bei den Alliierten Furcht und Schrecken verbreitete, so wurde es im Sommer 1916 von drei alliierten Typen übertrumpft: einer Nieuport-, einer Vickers- und einer Sopwith-Jagdmaschine. Im übrigen wurden technisch gelungene Lösungen oft in ältere Maschinen oder in die anderer Hersteller übernommen. Zugleich gab es auch für eine einzige Spezialaufgabe eine Vielzahl von Flugzeugtypen. Selbst ein in Serie gebauter Erfolgstyp wurde ständig verbessert und verändert. Die Typenvielfalt in Motoren und Flugzellen war verwirrend groß, und zwar in nahezu jeder Gattung der sich spezialisierenden Luftwaffe.

Besaß man mit dem Jäger ein Flugzeug, mit dem man gegnerische Aufklärer und andere Arbeitsflugzeuge vernichten oder verjagen konnte, so fand bald auch unter den Arbeitsflugzeugen eine Differenzierung statt. Soweit sie im Eingriffsbereich von gegnerischen Bodenwaffen oder Flugzeugen ihren Aufträgen nachgehen mußten, wurden sie alle sehr schnell bewaffnet und waren mindestens zweisitzig.

Bei den Nah- und Fernaufklärern nahm der zweite Mann die eigentliche Beobachtungsaufgabe wahr. Er mußte den Himmel nach gegnerischen Kampfflugzeugen absuchen, um nicht überrascht zu werden, und hatte im Luftkampf das meist bewegliche Maschinengewehr zu bedienen. Später mußte er mit immer besser, aber auch immer schwerer werdenden Kameras Luftbilder machen, hatte seine Beobachtungsergeb-

den und wohl auch einen hohen Nutzen gehabt. Seit aber die Marineluftschiffer selber auf den Bombenkrieg drängten, müssen sich ihre Ergebnisse an den gescheiterten operativen Absichten messen lassen.

Das Flugzeug auf dem Weg zum »Waffensystem«

Eine völlig andere Entwicklung nahm das Flugzeug. Auf seine spezifische Nutzung zu Beginn des Kriegs und die Entstehung der Jagdfliegerei im Jahr 1915 ist schon hingewiesen worden. Die erste Generation dieser Militärflugzeuge war bald nicht mehr frontverwendungsfähig und mußte zurückgezogen werden. Soweit die Maschinen

nisse in vorgefertigte Karten einzuzeichnen und diese hinter der Front abzuwerfen, an Plätzen, die für den Meldeabwurf gekennzeichnet waren.

Ein zweiter Typ von Aufklärern waren die Artillerieflieger, die aus der Höhe über den feindlichen Stellungen das Einschießen der Artillerie leiteten. Da bei den modernen Kanonen mit ihren kilometerweiten Schußleistungen nur noch verdeckte, indirekte Schießverfahren möglich waren, konnte man nur durch Beobachtung aus der Luft feststellen, ob man mit der Artillerie tatsächlich im Zielgebiet lag. Seit 1915 ist keine Angriffs- oder Verteidigungsaktion, bei der Artillerie eingesetzt werden sollte, ohne Feuerleitflugzeuge mehr erfolgreich möglich gewesen.

Mit der Brutalisierung der Materialschlachten wurde auch die Aufklärung immer schwieriger. Im Trichterfeld des Niemandslandes zwischen den Fronten war kaum noch etwas aus großer Höhe erkennbar. So sah sich der Infanterieflieger genötigt, in niedrigsten Höhen zwischen 30 und 70 Metern zu fliegen, um die eigenen und fremden Kampflinien noch erkennen zu können. Sein Flugzeug mußte wegen der hohen Gefährdung allein schon durch Infanteriebeschuß sogar gepanzert werden. Dieser Typ, wie nahezu alle anderen Aufklärungsflugzeuge, wurde dann auch noch mit Funkgeräten ausgestattet.

Zur Bedienung solcher Waffensysteme war das Fliegenkönnen nur eine Voraussetzung. Immer höher wurden auch die zusätzlich notwendigen technischen Qualifikationen. Das bedeutete eine Differenzierung und Technisierung der Ausbildung für das gesamte Luftwaffenpersonal.

Aus den gleichen Flugzeuggrundmustern wurde auch der sogenannte Schlachtflieger entwickelt. Er mußte schnell, leistungsstark und wendig sein, denn er wurde direkt im Erdkampf zur Unterstützung der Bodentruppen eingesetzt, was auch eine Folge der Intensivierung der Materialschlachten 1916/17 war. Diese Flugzeuge waren schwer bewaffnet. Sie hatten meist zwei durch den Motor synchronisierte starre MGs, dazu eines für den Beobachter, das auf einem Drehkranz beweglich montiert war, und noch spezielle Abwurfmunition verschiedener Art. Das Flugzeug des Staffelführers bekam später sogar noch ein Funkgerät, um Beobachtungsergebnisse sofort an die militärische Führung weitergeben zu können.

Aus Arbeitsflugzeugen wurden auch die ersten Bombenflugzeuge entwickelt. Man erleichterte sie um alles Gerät, das für den Bomber nicht nötig war, um die Nutzlast für Bomben zu erhöhen. Große Erfolge hatte man aber damit nicht, weil die Bombenlast selber, wie auch die

einzelne Bombe von 10 bis 20 Kilogramm, wenig Zerstörungskraft entwickelte. So ging man dazu über, sogenannte Großflugzeuge, die schon seit 1915 entwickelt wurden, mit zunächst zwei Motoren so zu verbessern, daß sie zwischen 500 und 2000 Kilogramm Bomben tragen konnten. Die Bomben selber wurden von 50 über 100 bis auf 300 und sogar 1000 Kilogramm vergrößert.

Solche Lasten konnte man aber auch mit den Großflugzeugen nur transportieren, wenn man die Flugzeuge auf Festigkeit und Betriebssicherheit auslegte und dafür Geschwindigkeit, Flughöhe und Wendigkeit opferte. Deshalb wurden diese Flugzeuge so stark bewaffnet, daß sie sich selbst auch gegen Jagdflieger gut schützen konnten. Die Flugdauer betrug durchweg etwa vier

Oben:
Deutsches Bombergeschwader an der Westfront, 1918: Die Bomben werden unter dem Großflugzeug aufgehängt.

Unten:
Das »Wölfchen« – Typ Friedrichshafen FF 33E, gebaut 1915, ausgestattet mit Funkgerät und MG – an Bord des Hilfskreuzers »Wolf«, um 1917.

Stunden, was einen Radius von knapp 300 Kilometern bei voller Belastung bedeutet.

Den Bombertyp des Großflugzeugs hat die deutsche Flugzeugindustrie zum sogenannten Riesenflugzeug weiterentwickelt. Es waren trotz ihres heute altertümlich anmutenden Aussehens imposante Großbauten. Ihre Spannweite schwankte zwischen 24 und 48 Metern, lag aber meist im Bereich zwischen 35 und 42 Metern. Sie waren etwa 20 Meter lang und konnten über 7 Meter hoch sein. Sie wurden von 3 bis 6 Motoren angetrieben. Diese brachten jeweils um 1000 PS auf

Ein Erkundungsflugzeug an der Westfront, 1916.

die Flugschrauben eines Flugzeugs. Ihre Nutzlast für Bomben variierte zwischen 1000 und 4000 Kilogramm. Ihr operativer Vorteil lag in der hohen Reichweite. Sie waren auf sieben bis acht Stunden Flugzeit ausgelegt und hatten so einen Aktionsradius bei voller Last von bis zu 500 Kilometern. Mit diesen R(iesen)-Flugzeugen hat man ebenso wie mit den G(roß)-Flugzeugen seit Sommer 1917 Bombenflüge nach Südostengland, besonders nach London, unternommen.

Die verwirrende Vielfalt von Typenbezeichnung, Motoren, Flugzeugfirmen, Baumustern usw. kann man sich dadurch ein wenig übersichtlicher machen, daß man nach Verwendungsarten unterscheidet. Die Flugzeugentwicklung nahm ihren Ausgangspunkt vom unbewaffneten Beobachtungsflugzeug als Ein- oder Zweisitzer, das bald ins Hinterland verschwand. Dann entstanden die sogenannten Arbeitsflugzeuge, mit der Spezialisierung Nah-, Fern-, Infanterie-Aufklärung, Artillerieführung, Schlachtflugzeug (für

den Erdkampf). Die Spezialisierung schritt während des Kriegs fort.

Aus diesen Arbeitsflugzeugen entwickelte sich schon im Frühjahr 1915 das Jagdflugzeug, das zu einer eigenen taktisch-operativen Klasse wird. Dieser Typ wird im Lauf des Kriegs in seinen Leistungen nur noch optimiert, nicht mehr weiter differenziert.

Aus den Arbeitsflugzeugen entwickelten sich die Bombenflugzeuge, die wegen ihrer speziellen Aufgabe immer größer wurden und deshalb zunächst als G(roß)-Flugzeug, später als R(iesen)-Flugzeug beim Militär auftauchten. Über diese Dreiteilung der operativen Aufgaben in Arbeits-, Jagd- und Bombenflugzeuge kann man die irritierende Vielfalt der Flugzeugmuster anschaulicher machen.

Der Krieg als Innovator der Flugzeugtechnik

Man muß sich die Ausgangssituation des Flugwesens vor Augen halten, um die Dynamik zu begreifen, die der Erste Weltkrieg in der technischen Entwicklung von Flugzeugen bedeutet. Am 17. Dezember 1903 fand der erste Flug mit einem Motorflugzeug statt. Erst im Winter 1905/06 erfuhr das preußische Kriegsministerium so viele Einzelheiten dieses geheimgehaltenen amerikanischen Erfolgs, daß man sich erstmals – übrigens ablehnend – mit der Materie befaßte.

Erst im April 1909 begann die deutsche Heeresverwaltung mit dem Bau eines eigenen, falsch konstruierten Flugzeugs und mit der Förderung und Erprobung von Flugzeugen anderer Herkunft. Im Sommer 1910 wurden die ersten vier Offiziere auf angekauften Privatmaschinen ausgebildet. Zwar hatte allein die Heeresverwaltung bis Kriegsbeginn etwa 720 Maschinen gekauft, davon galten aber nur 325 Flugzeuge als kriegsverwendungsfähig. Dagegen ging die deutsche Marine mit nur 12 Wasserflugzeugen und einem Landflugzeug in den Krieg.

Im Jahr 1914 lag die Flugmotorenleistung bei 80 bis 100 PS, die Flughöhe bei etwa 800 Metern und die Geschwindigkeit bei 70 bis 80 Kilometern pro Stunde. Ein Flugwettbewerb 1914, der Prinz-Heinrich-Flug, zeigte, daß über die Hälfte der startenden Flugzeuge noch zu Bruch ging oder wegen technischer Mängel aufgeben mußte. Zwei Stunden Flugzeit galten als guter Durchschnitt. Die besten Militärmaschinen konnten 1200 bis 1500 Meter aufsteigen und bis zu fünf Stunden in der Luft bleiben, dabei eine Geschwindigkeit von 90 bis 100 Kilometern pro Stunde erreichen.

*Eine abgestürzte
Albatros B.II 90/15:
Durch technisches
Versagen gingen fast
ebensoviele Flugzeuge
verloren wie durch
Feindeinwirkung.*

Der Flugzeugbau im Krieg konnte nicht durch systematische, wissenschaftliche Forschung verbessert werden, weil die Anforderungen des Militärs qualitativ und quantitativ über die Kapazität der Flugzeugindustrie hinausgingen. Schnell konstruieren, produzieren und liefern war die Grundmaxime. So entwickelte sich der Flugzeugbau überwiegend im Versuch-und Irrtum-Verfahren. Dennoch hatte er bis Kriegsende erhebliche Fortschritte vorzuweisen.

Hauptmann Bölcke,
die letzte Aufnahme in seinem Kampfflugzeug.

Phot. J. Müller, Dessau

Rittmeister Manfred Freiherr von Richthofen †
Lothar Freiherr von Richthofen

3004
Verlag: Harry Rothenberg, Breslau

Leutnant Göring.

Postkartenvertrieb W. Sanke
BERLIN N 37
Nachdruck wird gerichtlich verfolgt!

Praktisch waren folgende Probleme zu lösen:
– Die Motorleistung mußte erhöht, ihre Leistung in extremen Höhen gesichert werden.
– Die Leistungsbelastung mußte minimiert, d.h., das Verhältnis von Gewicht zu PS mußte verbessert werden.
– Die Flächenbelastung, d.h. das Verhältnis von Fluggewicht zur Flügelfläche, mußte optimiert werden, denn davon hingen Geschwindigkeit und Flughöhe bei gleicher PS-Leistung ab.
– Der Luftwiderstand des Flugzeugs selbst mußte reduziert werden. Bereits eine Reduzierung des Luftwiderstands um nur 10 Prozent bedeutete eine Erhöhung der Flughöhe um 600 Meter und eine Steigerung der Geschwindigkeit bis zu 5 Prozent. Bei der aerodynamischen Optimierung der Flugzeugform mußte die Festigkeit von Flügeln und Flugkörper gewahrt bleiben.
– Eine wenig beachtete Möglichkeit der Leistungssteigerung war die optimale Abstimmung von Motorleistung und Luftschraube.
Auf all diesen Gebieten stellten sich rasche Fortschritte ein. Zugleich waren dem Erfindungsgeist bei der Entwicklung militärisch nutzbarer Ausrüstung für diese Flugzeuge keine Grenzen gesetzt.
Die Flugzeuge des Jahres 1914 glichen fliegenden,

Widerstand produzierenden Drahtverhauen, so sehr mußte man durch Spanndrähte für die Festigkeit des Flugkörpers sorgen. Bei Doppeldeckern waren Stützstreben zwischen den übereinanderliegenden Flügeln unerläßlich. Dazu wurden erst schlichte Holzständer, später Metallrohre benutzt, die großen Luftwiderstand produzierten.

So war es ein technischer Fortschritt, als man diese Streben reduzieren und vor allem in Flugrichtung tropfenförmig bauen lernte, weil so die Verwirbelungen der Luft hinter den Streben reduziert wurden. Die Entdeckung des Flugzeugingenieurs Hugo Junkers, daß die Dicke eines Flügels keinen Einfluß auf seinen Luftwiderstand hat, wenn der Flügel aerodynamisch richtig gebaut wird, brachte gegen Ende des Kriegs eine kleine Revolution des Flugzeugbaus zustande.

Unabhängig von einer generellen Verbesserung der Flugzeugtechnik blieb das Problem, Flugzeuge auf unterschiedliche Aufgaben zu spezialisieren. Man konnte ein Flugzeug auf Geschwindigkeit trimmen. Das ging aber zu Lasten von Nutzlast, Steigfähigkeit und Wendigkeit. Genauso war es möglich, auf Nutzlast zu optimieren. Dann gingen aber Geschwindigkeit, Flughöhe und Wendigkeit extrem zurück. In jede dieser Richtungen ist optimiert worden, und entsprechend unterschiedliche Flugzeugtypen sind auf diese Weise zustandegekommen.

Aerodynamische Verbesserungen hatten sicherlich eine ähnliche Bedeutung wie die Entwicklung der Motortechnik. Es gelang im Lauf des Kriegs, die Luftwiderstände so zu reduzieren, daß allein dadurch ein entscheidender Teil der Leistungssteigerungen zu erklären ist. Technisch am ausgereiftesten war dann 1918 – allerdings ohne noch im Krieg genutzt werden zu können – ein Eindeckerflugzeug des Konstrukteurs Junkers aus Aluminium ohne Verspannungsdrähte und damit von einer konstruktiven Festigkeit durch Formung und Material, die von anderen Flugzeugen nicht erreicht wurde.

Die Motorleistung eines einzelnen Flugmotors wurde im Krieg auf einen Standard von 260 PS gesteigert, einige Motoren brachten es auf 300 PS (die besten Flugzeugmotoren der Alliierten leisteten damals schon das Dreifache). Da die Motoren in großer Höhe ihre Leistung aus Sauerstoffmangel verloren, wurden spezielle Höhenleistungsmotoren gebaut, die in niedrigen Flughöhen dann mit gedrosselter Leistung betrieben werden mußten. So konnte man aber die Dienstgipfelhöhe von Militärflugzeugen auf 8500 Meter bei Jagdflugzeugen, auf 6500 Meter bei Bombenflug-

zeugen und auf 9000 Meter bei Aufklärungsflugzeugen steigern. Die neuen Motoren wurden auch für die seit 1917 gebauten supergroßen Luftschiffe der Marine unerläßlich, weil diese ebenfalls in solchen Höhen operieren sollten.

Eine technische Herausforderung eigener Art wurde der Großflugzeugbau. Dabei gelang es, Flugzeuge von einem Gesamtgewicht von einer bis knapp drei Tonnen und bis zu zwei Tonnen Nutzlast zu bauen. Sie wurden meist von zwei Motoren à 260 PS angetrieben. Noch größere Flugzeuge, die sogenannten Riesenflugzeuge, brachten es auf ein Gesamtgewicht von bis zu 14,2 Tonnen und einer Nutzlast von 4,2 Tonnen.

Bildlegenden siehe Seite 52

Sie wurden nur im Einzelflug als Bomber eingesetzt und flogen überwiegend Südostengland an. Erst seit Mai/Juni 1917 begannen sie, eine spektakuläre, aber militärisch wertlose Rolle zu spielen. Neben ihren Riesenausmaßen war ihr technisches Hauptmerkmal, daß sie die modernen aerodynamischen Bauweisen schon nutzen konnten und ihren Antrieb nicht durch extrem starke Einzelmotoren geliefert bekamen, sondern durch bis zu sechs Standardmotoren eine Leistung von

wenigen hundert Kilogramm auf 14,2 Tonnen gesteigert.

Zugleich war man vom stoffbespannten Rohr- und Drahtgestell mit Motor über die Sperrholzkonstruktion bis zum selbsttragenden Ganzmetall-Flugzeug vorgedrungen und hatte Ausrüstung und Bewaffnung so weiterentwickelt, daß am Ende des Ersten Weltkriegs die zukünftige Rolle von Luftstreitkräften als möglicherweise kriegsentscheidender Teil einer Gesamtstreitkraft

ca. 1000 PS bis höchstens 1225 PS mobilisieren konnten. Eine Serienbauweise kam aber wegen der technischen Probleme und wegen der ökonomischen Leistungsschwächen der deutschen Kriegswirtschaft nicht mehr in Betracht.

Läßt man außer acht, daß die einzelnen Leistungen und Leistungssteigerungen typbedingt waren, und nimmt nur jedes Leistungsmerkmal für sich, so förderte der Erste Weltkrieg selbst auf deutscher Seite technische Innovationen großen Ausmaßes, obwohl ökonomische Zwänge die technische Entwicklung hier deutlich stärker begrenzten als bei den Alliierten.

Die Fluggeschwindigkeit stieg von 100 Kilometern pro Stunde auf etwa 200, die Motorleistung von 100 auf 300 PS, die Flughöhe von 1200 auf 9000 Meter, die Flugdauer wurde von 5 auf 8 Stunden erhöht. Das Fluggewicht hatte sich von

allgemein erkennbar wurde. Die deutschen Truppen bekamen diese Entwicklung schon im Sommer 1918 bei den letzten Rückzugskämpfen im Westen zu spüren, weil es den Alliierten gelungen war, Flugzeuge in solchen Mengen und solcher Qualität zu produzieren, daß sie, wie der Masseneinsatz der Tanks, die deutsche militärische Niederlage unausweichlich werden ließen.

Der Fliegersoldat: Mythos und Wirklichkeit

Im Mittelpunkt der deutschen Heldenverehrung standen und stehen bis heute die großen Namen der Jagdfliegerei. Insgesamt hat die Führung der Fliegertruppe 7425 erfolgreiche Luftkämpfe deutscher Flugzeugführer anerkannt. Spitzenreiter unter den Abschußspezialisten mit 80 Abschüssen war Manfred von Richthofen, den es am 21.

April 1918 selber traf; ihm folgte als zweiter mit 60 Erfolgen der erfolgreichste überlebende Jagdflieger, Ernst Udet. Er sollte in der Luftrüstung der NS-Zeit noch eine wichtige Rolle spielen. Diese Liste fortzuführen bringt nur etwas für Nostalgiker. Man sollte aber wissen, daß 60 Piloten mehr als je 20 Gegner abgeschossen haben. Mit einem gewissen Stolz wird nicht nur davon berichtet, daß 72 Fliegeroffiziere den Orden »Pour le Mérite« erhielten, sondern auch, daß 27 von ihnen gefallen sind.

Helden, Heldenmut und Heldenopfer stehen im militärischen Denken traditionell sehr hoch im Kurs. Der kalte, emotionslose Blick des Statistikers registriert die Kriegsrealität anders. Der Krieg forderte unter dem fliegenden Personal 6840 Tote und 7350 Verletzte. Außerdem wurden 1400 Flieger vermißt. Läßt man letztere außer acht, so wurden im Heimatdienst 1800 Personen des fliegenden Personals getötet, davon ca. 98 Prozent beim Flugunterricht. Von den 3200 Toten »im Felde« kamen noch einmal 1450 ohne Feindeinwirkung ums Leben. Insgesamt 3250 Männer oder 47,5 Prozent des fliegenden Personals kamen also um, ohne daß der Gegner direkt etwas dazu beigetragen hätte. Bei den Verletzten sieht das ähnlich aus. Von 7350 Verletzten kamen sogar 51,8 Prozent ohne Feindeinwirkung zu Schaden und davon wieder 43,8 Prozent beim Fliegenlernen hinter der Front. Der Anteil der Offiziere an allen Toten und Verwundeten lag bei etwa 50 Prozent, weil insgesamt in der Fliegerei Offiziere dominierten. Waren die Flugzeugführer auch oft Mannschaften oder Unteroffiziere, so mußten die mitfliegenden Beobachter wegen ihrer besonderen Aufgaben fast immer Offiziere sein.

Dagegen nimmt sich die offizielle Zahl der im Luftkampf Gefallenen mit 1420, davon allein 710 Beobachter, recht bescheiden aus. Noch weniger bedeutsam war offenbar die gegnerische Luftabwehr vom Boden aus. Ihr fielen bei nur 104 registrierten Abschüssen 230 Personen des fliegenden Personals zum Opfer. Eines der kleinen, wendigen Flugzeuge des Ersten Weltkriegs mit Flugabwehrmitteln abzuschießen, muß, statistisch gesehen, Tonnen an Munition gekostet haben.

Mit einer solchen »Opfer«-Statistik ließen sich keine Heldenmythen schaffen. Sie zeigt aber das wahre Gesicht des Luftkriegs mit diesen frühen, technisch höchst anfälligen Fluggeräten. Man brauchte deshalb 750 Flugzeugführer, Bordschützen und Beobachter als »Ersatz« pro Monat, seit der Krieg sich voll und ganz zum Materialkrieg entwickelt hatte.

Eine solche Statistik bedarf auch noch einer anderen Erläuterung. Die Masse der durch Feindeinwirkung zu Schaden gekommenen Personen waren natürlich nicht die propagandistisch gehätschelten Jagdflieger, sondern das Personal der sogenannten Arbeitsflugzeuge. Es hatte die gefährlicheren Aufträge und hatte gegen seine Hauptfeinde, die Jäger, kaum Möglichkeiten, sich zu schützen. Der gegnerischen Bodenabwehr war es meist schutzlos ausgesetzt.

Solche Flugzeuge zu »jagen« wurde ein blutiger Sport auf beiden Seiten der Front. Richthofens zynische Bemerkung, daß der Jagdfliegereinsatz eine höhere Form der Menschenjagd sei, wird noch durch eine andere statistische Feststellung bestätigt. Nach amerikanischen Untersuchungen hat nur jedes fünfte Opfer eines Abschusses seinen Gegner vor dem Abschuß gesehen und er-

Flügelrippen des Siemens-Schuckert-Flugzeugs R VIII, eines sechsmotorigen Großbombers, Spannweite 48m, der 1919 in Serie gehen sollte.

kannt, sich zu wehren oder zu fliehen versucht. Es wurde wirklich gejagt wie das Tier in freier Wildbahn. Fliegertaktische Voraussetzung eines Erfolgs war es also, sich unbemerkt an ein Opfer heranzupirschen und es dann überraschend abzuschießen. Gelang das nicht und wurde ein Luftkampf unausweichlich, mußte er sogar oft abgebrochen werden, wenn nicht das fliegerische Können oder die technische Überlegenheit des Flugzeugs doch noch einen Luftsieg ermöglichten. Dies betraf nur ca. 20 Prozent der »erfolgreichen« Luftkämpfe.

weile Jäger erreichen konnten, zu schützen. Für den Rotten- oder Staffelführer hieß dies, daß er sich voll und ganz auf die »Menschenjagd« konzentrieren konnte, während die Begleitflugzeuge ihm den Rücken freihielten. In diesem Sinne ist der deutsche Jagdflieger Oswald Boelcke zum »Vater« einer organisierten und taktisch ausgereiften Jagdwaffe geworden. Ausgebaut wurde dieses System dann von Richthofen, der solche Staffeln erstmals zu einem Jägerverband, dem berühmt gewordenen Jagdgeschwader Nr. 1, zusammenfaßte.

Großflugzeugproduktion der AEG, Abteilung Flugzeugbau, Hennigsdorf bei Berlin, 1916.

Bei der hohen Wendigkeit der Maschinen – sie konnten Kreise von weniger als 100 Metern Durchmesser fliegen – konnte das halbstündige, luftakrobatische Versuche bedeuten, sich gegenseitig so auszutricksen, daß man in eine günstige Schußposition kam. Oft hat Treibstoffmangel den Abbruch solcher Kämpfe erzwungen.

Nach dem Beginn einer gezielten Jägertätigkeit stellte sich auch heraus, daß einzeln operierende Flugzeuge nur wenig Überlebenschancen hatten. Bis in den Sommer 1916 hat es jedoch gedauert, ehe daraus taktische und organisatorische Konsequenzen gezogen wurden. Mit der Organisation und taktischen Führung einer Dreier-»Rotte«, dann einer Staffel von sechs bis neun Flugzeugen war man in der Lage, sich gegen Überraschungen vor allem aus den großen Höhen, die mittler-

Damit wollte man zwei Probleme lösen. Zum einen war der Luftkampf so hart geworden, daß Einzelflugzeuge kaum noch Überlebenschancen hatten. Man mußte also im Verbund vieler Maschinen kämpfen. Dann hoffte man, die materielle Überlegenheit der alliierten Fliegerei wenigstens dadurch auszugleichen, daß man operative Verbände schnell an diejenigen Frontabschnitte verlegen konnte, wo sie zum Schutz der eigenen Arbeitsflugzeuge oder für das Niederkämpfen der feindlichen Jäger am meisten gebraucht wurden. Ein taktischer Nebeneffekt bestand außerdem darin, daß als »Menschenjäger« immer der erfahrenste Pilot eingesetzt werden konnte, während die Neulinge an der Front mit weniger schwierigen Aufgaben der Deckung und der Überwachung betraut wurden. Das erklärt auch die hohen Abschußzahlen der sogenannten Asse zu einem nicht unwesentlichen Teil. Auf alliierter Seite hatte man diesen Neuerungen wenig entgegenzusetzen. Letzlich hat das den deutschen Fliegertruppen aber wenig genutzt, denn die materielle Überlegenheit der Alliierten wurde gegen Kriegsende immer erdrückender.

Eine ganz andere Art von »Helden« waren die Piloten des »strategischen« Bombenkriegs. Schon vor dem Krieg hatte man im großen Generalstab darauf gehofft, mit Hilfe von Luftschiffen den Krieg ins feindliche Hinterland zu tragen. Man glaubte, Truppenansammlungen, Verwaltungszentren und Verkehrsknotenpunkte zerstören zu können und hoffte, durch Abwürfe auf die Wohngebiete der Zivilbevölkerung Paniken herbeizuführen und so einen entscheidenden Einfluß auf den Kriegsverlauf zu nehmen. Vor allem der gemischte Abwurf von Spreng- und Brandbomben sollte die Zivilbevölkerung terrorisieren und die Regierungen politisch unter Druck setzen.

Diese Überlegungen nahmen während des Kriegs konkrete Formen an und fanden ihren Höhepunkt im Bombenkrieg gegen England. Der Kaiser erteilte hierzu am 9. Januar 1915 den Befehl. Da die Luftschiffe des Heeres nicht darauf vorbereitet waren, machten schon am 13. Januar 1915 drei Luftschiffe der Marine einen ersten Versuch. Wegen schlechten Wetters mußte er abgebrochen werden. Der leitende Offizier, Kapitänleutnant Heinrich Mathy, Kommandant eines dieser Luftschiffe und Stellvertreter des Kommandeurs der Marineluftschiffe, und Kapitän zur See, Peter Strasser, wurden zu Symbolfiguren dieses Bombenkriegs.

Wenn man die Presseberichte in Deutschland und die Aussagen der Luftschiffkapitäne aus der Kriegs- und der ersten Nachkriegszeit mit den tatsächlichen Ergebnissen ihrer Bomberflüge vergleicht, stellt man eine maßlose Überschätzung ihrer Wirkung genauso fest wie bewußte Falschmeldungen (wenn z.B. ein erfolgreicher Bombenabwurf über London gemeldet wurde, die Piloten tatsächlich aber schon vor Erreichen der Küste die Bomben ins Meer geworfen und schlicht Reißaus genommen hatten).

Mit den ersten Bombenangriffen erreichte man zwar die gewünschten Panikreaktionen der britischen Bevölkerung, die Schäden blieben aber gering. Fehleinschätzung, Aufschneiderei und Schönfärberei, besonders der Marineluftschiffer, erzeugten ein völlig falsches Bild. Die Heeresleitung dagegen hatte nach einem fehlgeschlagenen Versuch im Frühjahr 1915 realistischere

Konsequenzen gezogen als die Marine und den Bombenkrieg mit Luftschiffen als zu gefährlich und wenig erfolgversprechend eingestuft.

Der schon erwähnte Kapitänleutnant Heinrich Mathy wurde trotzdem zum erfolgreichsten Luftschiffbombenflieger, allerdings mit unter glücklichen Umständen erzielten Einzelerfolgen. Sein Vorgesetzter Peter Strasser setzte weiter auf das Luftschiff, selbst als dessen Untauglichkeit erwiesen war.

Auch die nachträgliche Würdigung dieses Bombenterrors – der sich verglichen mit dem des Zweiten Weltkriegs wie ein Kinderspiel ausnimmt – zeigt diese Realitätsferne. So behaupteten deutsche Spezialisten selbst nach 1920, daß – wenn auch die Zerstörungen viel geringer gewesen seien als man erwartet habe – ca. 500 000 Mann

Personal und Tausende von Abwehrwaffen und Hilfsgerät in Südostengland zum Luftschutz gebraucht worden seien. Dies habe die deutsche Front im Westen entlastet, weil Material und Menschen sonst in die Offensiven der Westmächte einbezogen worden wären.

Tatsächlich hatten die Engländer aber 1916, auf dem ersten Höhepunkt des Bombenkriegs, ganze 17 341 Soldaten und nur 110 Flugzeuge zur Luftverteidigung Englands bereitgestellt. Ungefähr 12 000 dieser Soldaten bedienten die Maschinengewehre und Flugabwehrgeschütze.

Die beiden »Helden« Strasser und Mathy mußten wie viele ihrer Kameraden ihre Fehleinschätzungen mit dem Leben bezahlen. Mathy fiel mit seiner ganzen Mannschaft, als sein Luftschiff im Oktober 1916 abgeschossen wurde, und Strasser

Prüfstände für Flugzeugmotoren der DVL in Adlershof: Die Gitter sollen absplitternde Propellerteile auffangen.

ereilte das Schicksal auf dem letzten, zudem fehlgeschlagenen Angriffsflug eines Zeppelins am 5. August 1918.

Flugzeug und Luftschiff als kriegswirtschaftliches Problem

Das Deutsche Reich stand im Ersten Weltkrieg vor enormen kriegswirtschaftlichen Schwierigkeiten. Allgemein bekannt ist der Zusammenbruch der Nahrungsmittelversorgung 1916/17, der berüchtigte Steckrübenwinter. Nicht viel anders sah es in anderen Bereichen der Volkswirtschaft aus. Die Gesamtleistung der Volkswirtschaft fiel stark, in weiten Teilen auf etwa 40 Prozent der Vorkriegsleistung. Nur die Kriegsindustrie blühte, war aber 1918 ebenfalls am Ende ihrer Leistungsfähigkeit angelangt.

Unter solchen Bedingungen den Wettlauf mit den Alliierten in der hochtechnisierten Luftfahrt aufzunehmen, war von Anfang an zum Scheitern verurteilt. Einige Zahlen mögen das verdeutlichen. Der Flugzeugbau soll als Maßstab helfen, weil das Luftschiffwesen als deutsche Spezialität und Fehlentwicklung keinen Einfluß auf den Kriegsausgang hatte.

Die deutsche Flugzeugindustrie war bei Kriegsbeginn gerade sechs Jahre alt. Sie lieferte im ganzen Kriegsverlauf aber 47637 Flugzeuge den Militärbehörden ab, weitere zwei- bis dreihundert mögen beim Waffenstillstand im Bau gewesen sein.

Die französische Industrie dagegen baute im gleichen Zeitraum ca. 68000, die britische ca. 50000 und die US-amerikanische, trotz des späten Kriegseintritts der Vereinigten Staaten, ca. 11000 Flugzeuge. Somit standen ca. 48000 deutschen allein ca. 130000 alliierte Flugzeuge gegenüber. (Die Produktion Österreichs und Rußlands fällt nicht ins Gewicht.)

Im letzten Kriegsjahr gab es in Deutschland sechs Flugzeugwerke, deren Jahreskapazität bei über 1000 Maschinen lag. Das größte von ihnen, die Albatros-Werke, kam 1918 auf ca. 5100. Nur vier Werke beschäftigten 1918 mehr als 2000 Mitarbeiter. Für die Flugzeugproduktion waren über 20000 Beschäftigte nötig, den Flugmotorenbau nicht eingerechnet.

Flugmotoren waren sehr komplizierte Maschinen. Ihre Leistungssteigerung durfte nicht einfach durch Vergrößerung erreicht werden. Sie mußten eigentlich kleiner und leichter werden, damit die Flugleistungen verbessert werden konnten. Ihre Herstellung war der Engpaß der Flugzeugproduktion sowohl nach Menge als auch nach Leistung.

Dagegen produzierten die USA und Frankreich allein ca. 36800 Motoren mehr als Flugzeuge, was bei der hohen Reparaturanfälligkeit der frühen Motoren einen großen Vorteil für die Einsatzbereitschaft der Fliegertruppe bedeutete.

Gegen Ende des Kriegs, als die Hochleistungsflugzeuge immer wichtiger wurden, fiel die deutsche Produktion gegenüber der alliierten massiv zurück. Ca. 14000 deutschen Flugzeugen standen allein 1918 ca. 75000 alliierte gegenüber, Rußland und Österreich nicht mitgerechnet.

Man hat in Deutschland zwar ca. 2000 mehrsitzige Bombenflugzeuge für den Tageseinsatz gebaut, aber nur 204 Nachtbomber, die 1917/18 besonders im Bombenkrieg gegen England allein noch eine realistische Erfolgschance gehabt hätten. So wurden die Tagbomber bei ihren Angriffen so dezimiert, daß sie ihre Angriffe einstellen und auf den Nachtangriff umgestellt werden mußten.

Selbst die Bereitstellung von Flugbenzin war ein Problem, wenn man bedenkt, daß 1914 nur ganze 600 Tonnen, 1916 immerhin schon 4500 Tonnen und 1918 kaum über 7000 Tonnen benötigt wurden. Für heutige Verhältnisse sind das unbedeutende Mengen, damals hatten sie strategische Bedeutung. Im ganzen Weltkrieg haben Deutsche nur 27000 Tonnen Bomben abgeworfen, einen Bruchteil auf England und London. Davon erhoffte man sich tatsächlich strategische Wirkungen. Hält man dagegen, daß allein Hamburg 1943 mit ca. 8000 Tonnen Bomben belegt wurde, daß sie die Stadt in ein Inferno verwandelten, das Leben in der Stadt sich aber schon drei Monate später wieder »normalisiert« hatte und keinerlei strategische Wirkung erzielt wurde, dann wird deutlich, wie sehr sich die Deutschen im Ersten Weltkrieg über die Wirkung dieser Nadelstiche gegen die Weltmacht England Illusionen hingegeben hatten.

Vergegenwärtigt man sich, daß deutsche »Groß«- und »Riesen«-flugzeuge 1917/18 in Gruppen zu höchstens 20 Flugzeugen Südostengland bombardierten, weil sie bei so weiten Flügen und der Flughöhe, die sie wegen der Flugabwehr erreichen mußten, nicht einmal ihre ganze Nutzlast ausschöpfen konnten, so fragt man sich, welchen Effekt außer der Terrorisierung der Zivilbevölkerung man erreichen konnte, zumal die Zielgenauigkeit der Bombenabwürfe minimal war und die Zerstörungskraft völlig überschätzt wurde.

In den Jahren 1917/18 gelang es der deutschen Flugzeugindustrie nicht mehr, die Rohstoffe hinreichend zu erhalten, die erlaubt hätten, solche

Neukonstruktionen wie das Ganzmetallflugzeug von Junkers in großen Serien zu bauen. An Massenproduktion im eigentlichen Sinne, vor allem an Großserienbau war unter den Bedingungen der deutschen Kriegswirtschaft überhaupt nicht zu denken.

Um so bedeutender in kriegswirtschaftlicher Hinsicht war die auch ökonomische Fehlinvestition in den Luftschiffbau und die Infrastruktur der Luftschifferei: Allein in der Produktion von Luftschiffen waren in der Kriegshochkonjunktur 16 000 Arbeitskräfte gebunden, gegenüber weniger als 1200 Arbeitskräften 1914. Wegen der Bombenangriffe auf die grenznahen Produktionsstätten mußte die Produktion nach Sachsen-Anhalt und nach Berlin verlegt werden.

Allein die Marine hatte sieben große Luftschiffplätze mit jeweils mehreren Luftschiffhallen.

War so eine Halle 1914 noch ca. 170 Meter lang, 43 Meter breit und 20 Meter hoch, so mußten die »Riesen«-Schiffe in Hallen von 260 Metern Länge, 75 Metern Breite und 36 Metern Höhe untergebracht werden. Dies war für sich schon ein Riesenaufwand. Dazu kam noch die Gasversorgung mit eigenen Gasanstalten für die Produktion von Wasserstoff, eine sehr energieintensive Produktion, mit einer Tagesleistung von 16 000 Kubikmetern, einer Lagerkapazität von 500 000 Kubikmetern in Hochdruckbehältern und Gasometern von je 30 000 Kubikmetern (etwa eine Luftschiffüllung, bei den Riesen am Ende des Kriegs nur ein knappes Drittel).

Die modernsten Luftschiffe verbrauchten große Mengen Aluminium für die tragenden Bauelemente – beim Flugzeugbau wäre es besser eingesetzt gewesen. Auch darf man nicht die große

In der Montagehalle der Albatros-Flugzeugwerke Berlin, Frühjahr 1918: Einbau der Motoren in die Flugzeugrümpfe.

Zahl technisch bestens qualifizierter Kräfte vergessen, die in Produktion und militärischem Bodenpersonal gebunden waren, während im Flugzeugwesen an allen Ecken und Enden gerade dieses qualifizierte Personal fehlte.

Die Erfahrungen des Luftkriegs und der militärische Traditionalismus

Im ersten Industriekrieg voll entwickelter Industrienationen konnte, nachdem der deutsche Überraschungsangriff zum Stehen gebracht worden war, nur noch die materielle und personelle Überlegenheit über Sieg und Niederlage entscheiden. Beide Faktoren sprachen für die Alliierten, nicht für das Deutsche Reich.

Lange ist aber das Grundproblem der Massenproduktion und des Masseneinsatzes auch von Luftkriegsmitteln nicht erkannt worden. Und als man es dann erkannte, war man nicht mehr in der Lage, die Einsicht in praktisches Handeln umzusetzen. Außerdem war bereits 1917/18 die anfängliche technische Überlegenheit Deutschlands aufgehoben und dort, wo sie sich wieder hätte abzeichnen können, fehlten Rohstoffe, Baustoffe, Antriebsmaschinen und Fachpersonal,

um die neuentwickelten Baumuster in Serie gehen zu lassen. Der größte deutsche Flugzeugmotor brachte es 1918 auf nur 300 PS, während englische Muster schon mehr als das Dreifache leisteten.

Auch die prinzipielle Einschätzung des Luftkriegs in Deutschland blieb hinter der in Frankreich und England zurück. Frankreich bildete schon im Krieg eine erste komplette Luftdivision und konzipierte die Luftwaffe als selbständige Teilstreitkraft neben Heer und Marine, wenn auch in beiden Fällen nicht mit dauerndem Erfolg. England vollzog diesen organisatorischen Schritt tatsächlich und bildete damals schon sein »Bomber-Command«, das dann im Zweiten Weltkrieg eine zentrale und für Deutschland tödliche Rolle spielte.

Vor einem solchen Hintergrund blieben die organisatorischen Entscheidungen in Deutschland kleinkariert. Wie in anderen Armeen auch, hatte die Fliegertruppe in Deutschland als Heeres- oder Marine-Unterstützungstruppe angefangen und war in der Hierarchie der Truppengattung hinter den Pionieren und vor den Verkehrstruppen eingeordnet. Die Fliegertruppe hatte im Feld nicht einmal eigene Kommandeure und unterstand den Armeeoberkommandos. Die Oberste Heeresleitung baute sich erst nach und nach eine nur ihr unterstellte Fliegertruppe auf, die Zersplitterung bei den einzelnen Armeen blieb.

Erst im März 1916 wurde mit einer Denkschrift ein ernsthafter Versuch unternommen, »Kaiserliche deutsche Luftstreitkräfte« zu bilden, also diese als dritte Teilstreitkraft zu etablieren. Der Versuch wurde fast genau ein Jahr später endgültig abgeschmettert. Damit waren die operativen und die strategischen Möglichkeiten vertan, die eine eigenständige Luftstreitmacht hätte entfalten können.

Zwar wurde im März 1915 ein Etat des Feldflugwesens des Heeres eingerichtet. Er war aber lediglich für die Organisation, den Nachschub, die Zusammenarbeit mit der Rüstungsindustrie und für die Ausbildung in der Heimat zuständig. Operative Befehle kamen immer noch von den Armeeoberkommandos. Im Oktober 1916 wurde dann die Stelle eines »Kommandierenden Generals der Luftstreitkräfte« eingeführt, operative Befehle durfte aber auch er bis Kriegsende nicht geben.

An diesen Erfahrungs-, Denk- und Traditionsmustern rieben sich deutsche Fliegeroffiziere auch in der Nachkriegsdiskussion. Für die meisten war klar, daß Luftstreitkräfte eine dritte Teilstreitkraft werden müßten, auch wenn Deutschland »vorläufig« durch den Frieden von Versailles eine eigene Militärfliegerei untersagt worden war. Die Überschätzung der Bomberwaffe im strategischen Einsatz führte nach dem Krieg weder zu einer realistischen Neubewertung noch zu einer strategischen Konzeption.

Was blieb, war, daß man dort weiterdachte, wo man besonders erfolgreich war oder die Probleme im Krieg selber nicht hatte lösen können. Das hieß aber, daß man fixiert blieb auf die Funktion der Heeresunterstützung, daß man taktische Verbesserungen diskutierte, daß man den Charakter des Flugzeugs als Angriffswaffe betonte. Hatte das Feldheer im Westen unter den Tanks und unter dem taktischen Masseneinsatz von Kampffliegern zu leiden gehabt, so wollte man diesen Spieß umdrehen. Nicht einmal die ausländische Literatur wurde hinreichend verarbeitet. Typisch für das deutsche heeresfixierte Verständnis blieb ein Buchtitel: *Britische Gedanken über den Einsatz des Luft*HEERES (Hervorhebung M. K.). Die in ganz Europa heiß diskutierte Schrift des Italieners Giulio Douhet über den strategischen Bomberkrieg wurde erst 1935 ins Deutsche übersetzt und blieb im Kern unbeachtet, während wichtige Anregungen und Entscheidungen in England und in den Vereinigten Staaten davon geprägt waren und zentrale Bedeutung für den Zweiten Weltkrieg gewannen.

Günther Ott

PIONIERE DER VERKEHRSLUFTFAHRT –
DEUTSCHER LUFTVERKEHR 1919-1945

Bereits im Ersten Weltkrieg entwickelten sich Initiativen, das Flugzeug künftig auch als Verkehrsmittel zu nutzen. Mit seiner Denkschrift *Die Entwicklung des Luftverkehrs* gab Hauptmann der Reserve Walter Mackenthun, Leiter des Flugzeugbaus der Allgemeinen Elektricitäts-Gesellschaft (AEG) in Hennigsdorf bei Berlin , dem Präsidenten der AEG und späteren Reichsaußenminister, Walther Rathenau, den entscheidenden Anstoß, eine Studiengesellschaft für Luftverkehr zu gründen.

Der Anfang – Deutsche Luft-Reederei

Durch Umbildung der Gummiwerke Oberspree GmbH entstand am 13. Dezember 1917 mit einem Kapital von 2,5 Millionen Mark die Deutsche Luft-Reederei GmbH (DLR), die am 28. Mai 1918 in das Handelsregister des Königlich Preußischen Amtsgerichts Berlin-Mitte eingetragen wurde.

Die Geschäftsleitung übernahmen Egon von Rieben und Walter Mackenthun, und alsbald ergab sich eine Interessengemeinschaft mit der Hamburg-Amerika-Linie (HAPAG) und dem Luftschiffbau Zeppelin. Dessen Generaldirektor, Alfred Colsmann, hatte im Mai 1918 die Vorarbeiten der AEG mit seiner Studie *Über Möglichkeiten des Luftverkehrs nach dem Kriege* ergänzt.

In den Wirren des Kriegsendes bildete sich unmittelbar eine Nachfrage für Verkehrsflüge. Schon am 11. November 1918, dem Tag des Waffenstillstands, war eine Maschine der Sablatnig Flugzeugbau GmbH im Auftrag der Reichsregierung mit einer Geldsendung von Johannisthal nach Kiel unterwegs. Der erste Passagierflug wurde von dem in Zeesen bei Königs Wusterhausen ansässigen Luftschiffbau Schütte-Lanz ausgeführt. Das Unternehmen hatte während des Ersten Weltkriegs auch Flugzeuge hergestellt und bot nun »Flugreisen im Taxameter-Betrieb« an. Ein Dr. Weber, Beamter des Reichsschatzamtes, war der mutige Premierengast. Mit einem zweisitzigen ehemaligen Militär-Doppeldecker flog er am 18. Dezember 1918 vom Tempelhofer Feld, dem späteren Berliner Zentralflughafen, nach Hamburg.

Während Sablatnig und Schütte-Lanz noch mit Genehmigung der Inspektion der Fliegertruppen flogen, wurde die Zuständigkeit für die zivile Luftfahrt am 4. Dezember 1918 auf das neugeschaffene Reichsluftamt unter Leitung des Flugpioniers August Euler übertragen. Er erteilte der Deutschen Luft-Reederei am 8. Januar 1919 die historische »Zulassungsbescheinigung zum Luftverkehr Nr. 1«.

Anfänglich widmete sich auch die DLR dem Bedarfsluftverkehr, doch konnte Alfred Keller, der Leiter des Landflugdienstes, die Geschäftsleitung schnell von der Notwendigkeit planmäßiger Liniendienste überzeugen: Am 5. Februar 1919 wurde im Auftrag der Reichspost ein geregelter Luftverkehr zwischen Berlin und Weimar, dem Tagungsort der Nationalversammlung, aufgenommen. Zwei ehemalige Heeresflugzeuge des Typs LVG CVI mit den Besatzungen Könnecke/Plüschow und Degener/Grünich eröffneten diese erste Luftverkehrslinie Europas.

Das Ergebnis war so ermutigend, daß die DLR am 1. März 1919 einen Post- und Passagierdienst von Berlin nach Hamburg begann. Der Schauspieler Hans Albers gehörte damals zu den ersten Fluggästen. Auch andere Firmen boten nun Linienflüge an: Der Rumpler-Luftverkehr richtete am 13. März eine Flugverbindung Berlin – Gotha – Augsburg – München ein, und der Luftverkehr Sablatnig flog seit dem 19. März auf der Strecke Berlin – Warnemünde mit Anschluß an die Ostsee-Fähre nach Gjedser. Ein Dienst der DLR von Berlin über Hannover nach Gelsenkirchen folgte am 15. April. Zentrum dieses Flugnetzes war der Flugplatz Johannisthal am Rande Berlins.

Erholungssuchende Berliner konnten vom 5. Juli 1919 an mit der DLR und dem Luftverkehr Sablatnig nach Swinemünde fliegen und von dort bequem die beliebten Badeorte an der Ostsee erreichen. Die DLR setzte hierfür erstmals ihre Großflugzeuge Friedrichshafen G. IIIa ein und verwendete sogar riesige Wasserflugzeuge des Typs Staaken, die von den Havelseen starteten. Obwohl Betriebsstoffmangel Anfang August zur Einstellung der planmäßigen Flüge zwang, stieg die Zahl der Bewerber um eine Luftverkehrskonzession sprunghaft. Bis Oktober 1919 hatte das

Links:
Eine Fokker F II der
Luft Hansa vor dem
Start: Der »Luftboy«
trägt das Gepäck und
ist beim Einsteigen
behilflich.

Oben:
Am 5. Februar 1919
wurde von der Deut-
schen Luft-Reederei
der planmäßige Post-
verkehr aufgenom-
men.

Unten:
Plakat der Sablatnig
Flugzeugbau GmbH,
die am 11. November
1918 den ersten Ver-
kehrsflug von Berlin
nach Kiel ausführte.

schen Stuttgart und Nürnberg. Später widmete er sich dem Luftbildwesen. Eines seiner damaligen Flugzeuge, das als D-144 und seit 1934 als D-IBAO zugelassen war, ist heute im Berliner Museum für Verkehr und Technik ein eindrucksvoller Zeuge aus der Anfangszeit des Luftverkehrs.

Nach der Flugsaison 1920 – damals wurde in aller Regel nur von April bis Oktober geflogen – führten wirtschaftliche Zwänge zu Zusammenschlüssen im deutschen Luftverkehr. Unter Führung des Norddeutschen Lloyd in Bremen bildeten neun Fluggesellschaften am 8. März 1921 eine Interessengemeinschaft, die Lloyd-Luftdienst GmbH. In der Folge entstand am 4. April 1921 mit der Beteiligung von AEG, HAPAG, Luftschiffbau Zeppelin und Metall-Gesellschaft die Aero Union AG als Holding-Gesellschaft für die weiterhin eigenständige Deutsche Luft-Reederei, die auf eine internationale Zusammenarbeit setzte.

Martin Wronsky, Verkehrsleiter der DLR, hatte veranlaßt, daß sein Unternehmen am 28. August 1919 neben Fluggesellschaften aus Dänemark, Großbritannien, Holland und Schweden zu den Gründern der International Air Traffic Organisation (IATA) gehörte. Als Europa-Nordwestflug eröffneten diese Gesellschaften am 15. September 1920 einen gemeinsamen Flugdienst von Malmö über Kopenhagen, Hamburg und Amsterdam nach London – die erste internationale Luftverkehrsverbindung.

Die Piloten bemühten sich nach Kräften, ihren Auftrag zu erfüllen und auch bei Wind und Wetter ihren Zielflughafen zu erreichen. Kompaß und Streckenkarte waren dabei ihre einzigen Hilfsmittel an Bord. So kam alles darauf an, Erdsicht zu behalten und unterhalb der Wolkenschichten zu fliegen, oft nur in einer Höhe von 50 Metern.

Flüsse, Landstraßen und Bahnlinien waren beliebte Wegweiser, denen man gern folgte. Gelegentlich half auch ein Ortsschild an einem überflogenen Bahnhof, den Standort zu bestimmen und den richtigen Flugweg zu finden. Bei nicht mehr ausreichender Sicht blieb bei diesem Verfahren nur die Wahl zwischen der Rückkehr zum Ausgangsflughafen und der Notlandung auf freiem Gelände.

Abgesehen von der Möglichkeit, auf einem Acker statt auf dem Zielflughafen zu landen, hatten Reisen in den ersten Verkehrsflugzeugen ihre besondere Note: Nach den Beförderungsbedingungen der DLR war die Mitnahme von Gepäck »bis zum Umfange eines Kabinenkoffers so weit gestattet, als das Gesamtgewicht des Fluggastes und des Gepäcks 100 kg nicht übersteigt«; so war es

Reichsluftamt bereits 34 Genehmigungen erteilt. Nur wenige brachten tatsächlich ein Flugzeug an den Start und beteiligten sich am Luftverkehr; einer von ihnen war Paul Strähle in Schorndorf. Mit Flugzeugen des Typs Halberstadt CL IV nahm er 1921 den Betrieb auf der Strecke Stuttgart – Konstanz auf und flog im Jahr 1922 zwi-

durchaus üblich, daß die Fluggäste mit ihrem Gepäck vor dem Abflug gewogen wurden. Koffer, die nicht im Flugzeug verstaut werden konnten, wurden mit Riemen neben dem Rumpf auf den Tragflächen festgeschnallt.

Zum Service der DLR gehörte: »Eine vollständige Flugausrüstung wird den Fluggästen leihweise und unentgeltlich zur Verfügung gestellt. Dieselbe besteht aus einem wollenen Überanzug, Schal, Gesichtsmaske, Sturzhelm, Schutzbrille, Pelzhandschuhen und Pelzstiefeln.«

Für ein Erinnerungfoto war diese Verkleidung genau das Richtige. Doch bald erhielten die zunächst noch offenen Passagiersitze einen Kabinenaufsatz, der wirksamer vor Wind und Kälte schützte. Die Bezeichnung »Luftlimousine« war nicht unberechtigt, entsprachen doch die Ausstattung und der Komfort dieser Kabinenflugzeuge durchaus dem Standard der Autos.

Deruluft – Partnerschaft mit Rußland

Ein von Lenin am 8. September 1921 unterzeichneter Beschluß des Rates der Volkskommissare zum Aufbau einer Flugverbindung zwischen Moskau und Deutschland führte am 11. November 1921 in Berlin zur Gründung der Deutsch-Russischen Luftverkehrsgesellschaft Deruluft. Die

Oben links:
Plakat der Deutschen Luft-Reederei, der ersten deutschen Fluggesellschaft.

Oben rechts:
Ein Doppeldecker LVG C VI der Deutschen Luft-Reederei mit Hans Albers als Passagier.

Unten:
Das Pförtnerhaus des Flughafens Berlin auf dem Tempelhofer Feld, 1923.

Geschäftsanteile wurden je zur Hälfte von den deutschen und russischen Partnern, der Aero Union AG und der Russischen Handelsvertretung in Berlin, übernommen. Die zur Aero Union AG gehörende Deutsche Luft-Reederei organisierte den Betrieb, stellte Personal zur Verfügung und beschaffte bei den Fokker-Werken in Amsterdam zehn Verkehrsflugzeuge vom Typ F III.

Am 1. Mai 1922 eröffnete die Deruluft mit den beiden Fokker F III RR 1 und RR 3 ihren Liniendienst zwischen Königsberg und Moskau. Diese damals längste Luftverkehrsstrecke in Europa

wurde mit Zwischenlandungen in Kowno und Smolensk in knapp zehn Stunden bewältigt.

Die deutsche Beteiligung an der Deruluft ging 1923 an den Aero Lloyd und 1926 an die Luft Hansa über; russischer Partner war seit 1932 die Aeroflot. Im Jahr 1927 wurden die Fokker F III durch die moderneren Dornier Merkur abgelöst und die Fluglinie bis nach Berlin verlängert. Am 6. Juni 1928 richtete die Deruluft eine neue Verbindung über Tilsit, Riga und Reval nach Leningrad ein; hierfür wurde die Junkers F 13 eingesetzt. 1932 hatte die Deruluft erstmals russische Flugzeuge, die dreimotorigen ANT 9, in ihrer Flotte. Daraufhin wurden von der Luft Hansa Rohrbach Roland und seit 1934 Ju 52/3m eingebracht.

In Verbindung mit den politischen Differenzen zwischen dem nationalsozialistischen Deutschland und der Sowjetunion wurde auch die Zusammenarbeit innerhalb der Deruluft zunehmend kompliziert, so daß zum 1. Januar 1937 die Auflösung der Gesellschaft beschlossen wurde. Der Flugbetrieb der Deruluft endete am 31. März 1937 mit einer Gesamtbilanz von 13 159 994 Flugkilometern und einer Beförderungsleistung von 70 393 Passagieren sowie 2156 Tonnen Fracht und Post.

Die Konkurrenten – Junkers und Aero Lloyd

Die Junkers Flugzeugwerke in Dessau entwickelten 1919 mit der Junkers F 13 das erste Ganzmetall-Verkehrsflugzeug der Welt und produzierten es in großer Stückzahl. Einige dieser Maschinen kamen bei dem unter Beteiligung von Junkers gegründeten Lloyd Ostflug und bei der Danziger Luftpost zum Einsatz. Da sich aber die Hoffnung auf größeren Absatz über den Lloyd-Luftdienst nicht erfüllte, zog sich Junkers 1922 zurück und ging eigene Wege. Die Abteilung Luftverkehr der Junkers Flugzeugwerke wurde zum Kern eines Netzes von Fluggesellschaften in Europa und sogar in Übersee, an denen Junkers mit F 13-Flugzeugen beteiligt war.

Mit Blick auf diese Konkurrenz wurde am 6. Februar 1923 unter maßgeblichem Einfluß der Deutschen Bank die Deutsche Aero Lloyd AG in Berlin gegründet, in der die Deutsche Luft-Reederei und die Fluggesellschaften der Lloyd-Gruppe aufgingen. Bei der nun dringenden Erneuerung des Flugzeugparks wurden die umgebauten Kriegsflugzeuge durch die modernen Typen Sablatnig P. III, Albatros L. 58 und Dornier Komet ersetzt. Von 1924 an stellte der Aero Lloyd in der eigenen Werft in Staaken unter Leitung von Karl

Grulich die Verkehrsflugzeuge Fokker F II und F III in Lizenz her.

Die nächsten Jahre standen im Zeichen einer zunehmenden Polarisierung und eines sich verschärfenden Wettbewerbs. Während der Aero Lloyd die Tradition der DLR fortsetzte und in Pool-Vereinbarungen unter dem Dach der IATA die Zusammenarbeit mit eigenständigen Fluggesellschaften im Ausland erweiterte, ging Junkers daran, seine Luftverkehrsinteressen im In- und Ausland in Unionen zu bündeln, die ausschließlich Junkers-Flugzeuge einsetzten und von der am 13. August 1924 gegründeten Junkers Luftverkehr AG unter Gotthard Sachsenberg zentral geführt wurden.

Im Ausland rangen die beiden konkurrierenden Gruppen erbittert und nicht immer mit feinen Mitteln um Luftverkehrskonzessionen, und in Deutschland nutzten prestigebewußte Provinzpolitiker die Auseinandersetzung zwischen Aero Lloyd und Junkers dazu, ihren Städten einen Anschluß an das Luftverkehrsnetz zu verschaffen. Bereits damals geringschätzig als »Hüpf-Strecken« bezeichnete Flugverbindungen wurden sogar zwischen Orten eingerichtet, die über ein sehr geringes Verkehrsaufkommen verfügten; den Fluggesellschaften ging es nur darum, Subventionen zu erhalten. Im Jahr 1925 erreichte der Machtkampf seinen Höhepunkt und wurde für die beiden Unternehmen existenzbedrohend.

Während der Aero Lloyd, angelehnt an die Deutsche Bank, noch über ein vergleichsweise solides Fundament verfügte, brachte die hemmungslose Expansion den Junkers-Konzern in eine ernste Finanznot. Die allein am Absatz seiner aufgeblähten Flugzeugproduktion orientierte Luftverkehrsaktivität stand besonders im Ausland in keinem Verhältnis zu den erzielten Einnahmen. Junkers war am Ende, als sich im September 1925 kaum Interessenten für seine Pläne zur Bildung einer Europa-Union fanden und das dringend benötigte Kapital nicht beschafft werden konnte.

In dieser Situation ergriff Ernst Brandenburg, Leiter der Luftfahrt-Abteilung im Reichsverkehrsministerium, die Initiative. Ihm ging es darum, eine klare Trennung zwischen Industrie- und Verkehrsinteressen herbeizuführen und gleichzeitig den unsinnigen Konkurrenzkampf mit seinem stetig wachsenden Subventionsbedarf zu beenden. Er stellte Junkers die Sanierung der Flugzeugwerke in Dessau aus Reichsmitteln unter der harten Bedingung in Aussicht, daß dem Reichsverkehrsministerium die Verfügung über die Junkers Luftverkehr AG überlassen würde und Junkers sich künftig nicht mehr im deutschen Luft-

verkehr engagierte. Hugo Junkers und seine Mitarbeiter hatten keine andere Wahl.

Bildlegenden siehe Seite 67

Von Berlin in die Welt – Luft Hansa

Als Junkers Luftverkehr und Deutscher Aero Lloyd ihren Betrieb am 25. Dezember 1925 einstellten, wurde der Weg frei zu einem »Zusammenschluß im Luftverkehr«, wie ihn Kurt Weigelt als Vertreter der Deutschen Bank im Aufsichtsrat des Aero Lloyd in einer Denkschrift gleichnamigen Titels dargelegt hatte. Friedrich Fischer von Poturzyn, Pressechef von Junkers Luftverkehr, trug mit seiner Untersuchung über luftpolitische Möglichkeiten den Namen bei: »Luft Hansa«.

Nach vorbereitenden Verhandlungen fand am 6. Januar 1926 im Hotel Kaiserhof in Berlin unter Leitung von Ernst Brandenburg die Gründungssitzung der neuen Einheitsgesellschaft statt, die den Namen Deutsche Luft Hansa AG erhielt und zunächst mit einem Kapital von 50 000 Mark ausgestattet war. In den Vorstand wurden vom Junkers Luftverkehr Erhard Milch sowie vom Aero Lloyd Otto Julius Merkel und Martin Wronsky berufen.

Der Auftrag des Unternehmens wurde bei der Gründung festgelegt:

»Die Luft Hansa hat die Aufgabe:

1. Deutschland mit den wichtigsten europäischen Wirtschaftszentren zu verbinden. Hierbei

Links:
Betanken einer Junkers F 13 der Luft Hansa, 1926. Die F 13 war 1919 das erste Ganzmetall-Verkehrsflugzeug der Welt.

Rechts:
Der neue Luft-Hansa-Schriftzug mit dem Kranich der Luft-Reederei und des Aero Lloyd auf dem Flughafen Tempelhof, 1926.

wird der wichtige Grundsatz zur Richtlinie, daß das bisherige Junkers-Prinzip der Einrichtung eigener Gesellschaften im Auslande verlassen und in Zukunft das Verfahren des Aero Lloyd befolgt werden soll: Zusammenarbeit mit den national-ausländischen Gesellschaften auf der Basis der Poolverträge.

2. Den bedeutungsvollen Städten Deutschlands an dieses europäische Luftverkehrsnetz Anschluß zu verschaffen.

3. Deutschland mit denjenigen außereuropäischen Ländern, zu denen es besondere Handelsbeziehungen unterhält, nach Maßgabe der technischen Möglichkeiten eine Luftverbindung zu schaffen. Auch diese Tätigkeit wird sofort in Angriff genommen und folgende zunächst wichtigsten Ziele festgelegt: Nordamerika, Südamerika und Ferner Osten (China und Japan).«

Auf der konstituierenden Generalversammlung am 15. Juni 1926 wurden diese Ziele bestätigt. Das Aktienkapital der Luft Hansa erhöhte sich auf 25 Millionen Mark, und das Reich war mit 26 Prozent als Hauptaktionär beteiligt. Daneben traten die deutschen Länder und Städte, zum Teil

über die regionalen Fluggesellschaften, sowie die Privatwirtschaft als Aktionäre ein. Die Deutsche Bank stellte mit Emil Georg von Stauß den Vorsitzenden des Aufsichtsrats, dem auch Konrad Adenauer als Kölner Oberbürgermeister angehörte.

In den ersten Wochen des Aufbaus starteten Flugzeuge der Luft Hansa bereits zu Sonderflügen von Berlin nach Köln (1. Februar 1926) und zur Leipziger Messe (28. Februar – 4. März 1926). Der Öffentlichkeit präsentierte man sich auf einer Pressekonferenz am 30. März 1926, wobei Direktor Erhard Milch den viermotorigen Udet Kondor als Podium für seine Begrüßungsansprache nutzte.

Der planmäßige Luftverkehr wurde am 6. April 1926 aufgenommen. Durch Nebel etwas verzögert, rollten in Tempelhof fast zur gleichen Zeit zwei Flugzeuge der Luft Hansa an den Start. Um 9 Uhr 46 hob die Fokker-Grulich F II D-742 mit drei Passagieren zum Linienflug Berlin – Halle – Erfurt – Stuttgart – Zürich ab. Eine Minute später folgte die Dornier Komet III D-580 mit dem Piloten Karl Noack und einem Passagier auf der Linie

Links:
*Ein Hochdecker Fok-
ker-Grulich startet
am 6. April
1926 zum ersten
planmäßigen Flug
Berlin - Zürich über
Halle, Erfurt und
Stuttgart.*

Unten:
*Wegen der geringen
Nutzlast der frühen
Verkehrsflugzeuge
mußte alles, was flie-
gen wollte, auf die
Waage.*

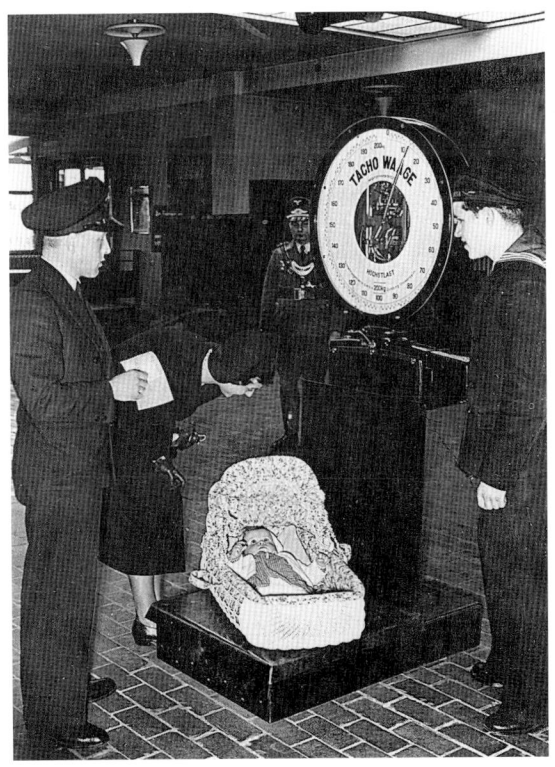

Berlin – Magdeburg – Köln. Im Lauf des Tages wurden insgesamt sieben Strecken eröffnet; bis zum Sommer erweiterte die Luft Hansa ihr Streckennetz auf 64 planmäßig beflogene Linien. Schon im ersten Betriebsjahr wartete die Luft Hansa mit einigen Neuerungen und Pionierleistungen auf. Am 1. Mai 1926 wurde die planmäßige Passagier-Nachtflugstrecke Berlin – Königsberg eröffnet, mit dreimotorigen Junkers G 24 unter der organisatorischen Leitung von Hermann Köhl, dem späteren Ozeanflieger. Zwei Tage später nahmen Flugboote des Typs Dornier Wal den Passagierdienst über die Ostsee von Stettin nach Stockholm auf.

Noch vom Junkers Luftverkehr 1925 vorbereitet, starteten am 23. Juli 1926 zwei Junkers G 24 unter Leitung von Robert Knauss in Tempelhof zu einem Expeditionsflug nach Ostasien. Ziel war die chinesische Hauptstadt Peking, wo die D-901 und die D-903 mit den Piloten Adolf Doldi und Karl Schnäbele am 30. August 1926 eintrafen. In zehn Tagesetappen über Rußland, Sibirien und die Mongolei hatten sie mit ihren Verkehrsmaschinen eine Flugstrecke von 10 000 Kilometern

Seite 64, v.o.n.u.:

*Ausflugsverkehr von
Berlin zu den Ostsee-
bädern, Sommer
1919: ein Wasser-
flugzeug der Staake-
ner Zeppelinwerke
beim Start von einem
Havelsee bei
Potsdam.*

*Eine Ju 52 der Deru-
luft in Riga.*

*Eine Ju 52 auf
Schneekufen vor dem
Start in Moskau.*

Seite 65:
*Konkurrent des deut-
schen Aero Lloyd:
Junkers Luftverkehr.*

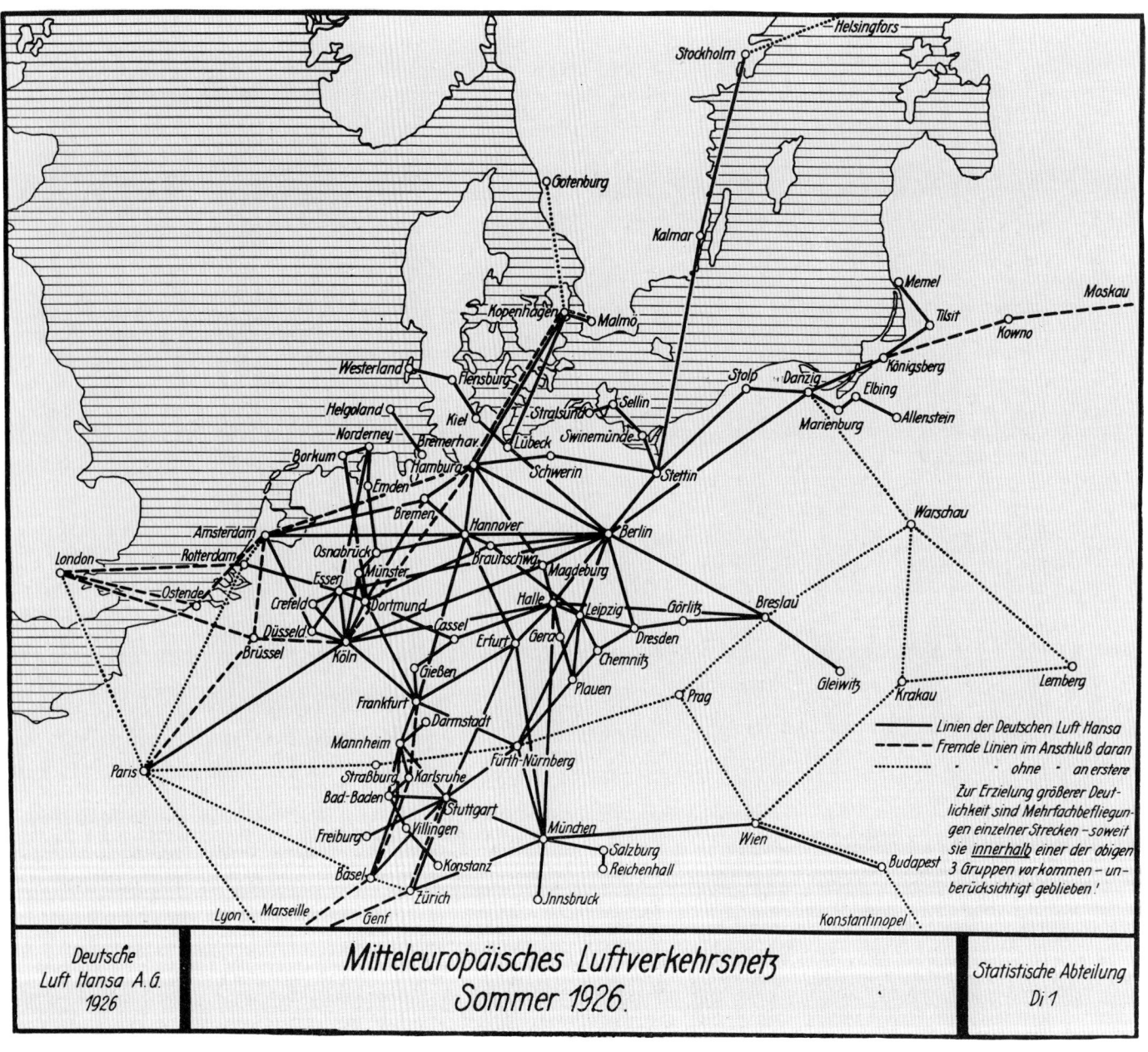

Deutsche Luft Hansa A.G. 1926

Mitteleuropäisches Luftverkehrsnetz
Sommer 1926.

Statistische Abteilung Di 1

—— Linien der Deutschen Luft Hansa
– – – Fremde Linien im Anschluß daran
·········· " " ohne " an erstere
Zur Erzielung größerer Deutlichkeit sind Mehrfachbefliegungen einzelner Strecken – soweit sie innerhalb einer der obigen 3 Gruppen vorkommen – unberücksichtigt geblieben.'

Das Streckennetz der Luft Hansa, Sommer 1926.

zurückgelegt. Bei ihrer Rückkehr nach Berlin am 26. September 1926 erhielten die Expeditionsteilnehmer einen jubelnden Empfang.

Im Sommer 1926 entsandte die Luft Hansa ein Flugboot Dornier Wal nach Brasilien, um dort die Vorbedingungen für die Aufnahme des Luftverkehrs zu prüfen. Gleichzeitig war daran gedacht, auf dem amerikanischen Kontinent einen Stützpunkt für den geplanten Luftpostverkehr über den Atlantik einzurichten. Als der ehemalige Reichskanzler Hans Luther diesen Dornier Wal im November 1926 für einen Flug von Buenos Aires nach Rio de Janeiro benutzte, verschaffte er dem Projekt die notwendige Aufmerksamkeit in der Öffentlichkeit.

In den Jahren 1927/28 wurde der deutsche Luftverkehr weiter ausgebaut. Prag, Marseille, Barcelona und Oslo waren die neuen Zielorte der Luft Hansa, deren Streckennetz inzwischen eine Länge von 32 313 Kilometern hatte.

Besondere Fracht- und Poststrecken im Nachtbetrieb nach Paris, Amsterdam und London wurden ebenso eingerichtet wie ein zunächst noch auf den Gütertransport beschränkter regelmäßiger Flugdienst über die Alpen hinweg nach Mailand. Abmachungen zwischen der Deutschen Reichsbahn und der Luft Hansa ermöglichten den als FLEI-Verkehr bezeichneten kombinierten Frachttransport per Flugzeug (FL) und Eisenbahn (EI).

Die Subventionen des Reichsverkehrsministeriums ermöglichten eine Erneuerung des Flugzeugparks. Moderne Großflugzeuge, Rohrbach Roland und Junkers G 31, wurden in Betrieb genommen, und für den geplanten Übersee-Luftverkehr gab die Luft Hansa Flugboote Dornier Super-Wal und Rohrbach Romar in Auftrag.

Zusammenarbeit mit der Schiffahrt: Katapultflüge auf See

Die Vorbereitungen für den Transozeandienst wurden nach anfänglichen Querelen mit den großen deutschen Reedereien gemeinsam in Angriff genommen. Zunächst hatten HAPAG und Norddeutscher Lloyd (NDL) den Luftverkehr nach Übersee als ihr Betätigungsfeld reklamiert, fanden dafür aber nicht die Zustimmung des Reichsverkehrsministeriums. Im Jahr 1927 standen die beiden Schiffahrtslinien noch hinter den Projekten zur Ozeanüberquerung in Ost-West-Richtung, die von Rohrbach und Junkers betrieben wurden. Als Hermann Köhl, Ehrenfried Günther von Hünefeld und James Fitzmaurice am 12. April 1928 mit der Junkers W 33 »Bremen« ihren Flug über den Atlantik antraten, hatten sich HAPAG und NDL bereits zu einer Kooperation mit der Luft Hansa und dem Verkehrsministerium bereitgefunden und ihre eigenen Pläne aufgegeben.

Zunächst wurden auf Kreuzfahrtschiffen F 13-Bordflugzeuge der Luft Hansa mitgeführt und die Anbordnahme von Flugzeugen auf See mit dem Stausegel erprobt. Der NDL-Dampfer »Bremen«, der zwischen Bremerhaven und New York verkehrte, erhielt eine von Heinkel entwickelte Flugzeugschleuder und nahm eine Heinkel He 12, ein einmotoriges Schwimmflugzeug, an Bord. Am 22. Juli 1929 erfolgte 400 Kilometer vor New York durch Flugkapitän Jobst von Studnitz der erste Katapultstart im Postvorausflug der Luft Hansa. Zusätzlich wurden Postanschlußflüge für die Nordamerika-Passagierschiffe von Köln nach Cherbourg und von Bremerhaven nach Berlin eingerichtet. Die Postlaufzeit zwischen Europa und den Vereinigten Staaten konnte auf diese Weise um 24 Stunden verkürzt werden.

Später erhielt auch der Dampfer »Europa« eine Katapultanlage, und die He 12 wurde durch eine He 58 ergänzt, bis Junkers Ju 46 die Katapultflüge übernahmen. Bis 1935 wurden nicht weniger als 198 Katapultflüge im Nordatlantik-Dienst ausgeführt. Die Luft Hansa konnte dabei wertvolle Erfahrungen für die Aufnahme ihrer Luftpostflüge nach Süd- und Nordamerika sammeln.

Männer der Tat

In besonderer Weise war Joachim von Schröder, Prokurist der Luft Hansa, an den Fortschritten

Luftfrachtverkehr der Luft Hansa mit einer Dornier Merkur, 1928.

Eine Junkers G 31. Zum Komfort dieses Flugzeugs gehörte 1928 erstmals ein Steward.

der Verkehrsluftfahrt in den Jahren 1928/29 beteiligt. Gemeinsam mit Flugkapitän Erich Albrecht und Bordwart Fritz Eichentopf unternahm er eine Reihe von denkwürdigen Langstreckenflügen, um die Voraussetzungen für den planmäßigen Luftverkehr zu erkunden. Zwei Flüge mit der Junkers W 33 »Ural« im August und September 1928 führten bis nach Irkutsk am Baikalsee. Ein Jahr später unternahm das Team mit dem Spezial-Postflugzeug Arado V 1 zwei Nonstop-Flüge von Berlin nach Sevilla, und im Oktober 1929 folgte gleichfalls ohne Zwischenlandung ein Flug nach Istanbul. Bei der Rückkehr von einem Erkundungsflug zu den Kanarischen Inseln verfehlte die Arado V 1 ihr Ziel Berlin und verunglückte am 19. Dezember 1929 in der Nähe von Neuruppin. Nur der Bordwart überlebte den Absturz.

Von 1928 an entwickelte die Industrie in enger Zusammenarbeit mit der Luft Hansa Bordinstrumente und Funkgeräte, die es zuließen, die Besatzungen systematisch auf den Blindflug vorzubereiten. Bis dahin waren dichte Wolken und Nebel der ärgste Feind der Verkehrsfliegerei; das Fliegen ohne Erdsicht, allein den Instrumenten an Bord und am Boden vertrauend, verschaffte dem Luftverkehr eine neue Qualität in Richtung

größerer Pünktlichkeit und Zuverlässigkeit. Treibende Kraft war hierbei der Leiter des Flugbetriebs, Carl-August von Gablenz. Trotz einiger schwerer Unfälle in der Anfangszeit und Anfeindungen aus Pilotenkreisen, wo man diesen Schritt noch als verfrüht ansah, setzte er die Einführung des Blindflugverfahrens bei der Luft Hansa von 1930 an konsequent durch. In kurzer Zeit hatten die Besatzungen der Luft Hansa – Flugzeugführer und Bordwart erhielten mit dem Bordfunker einen neuen Kollegen – das neue Verfahren zu einer beachtlichen Sicherheit gebracht, so daß ausländische Fluggesellschaften ihr Personal gern zu Blindflug-Kursen nach Deutschland schickten.

Schwierige Zeiten

Die stetige Aufwärtsentwicklung wurde 1929 jäh unterbrochen, als der Reichstag eine Kürzung des Luftfahrt-Etats um 50 Prozent beschloß. »Windiges aus der deutschen Luftfahrt« – Verschwendung öffentlicher Mittel und Zusammenhänge zwischen Zivilluftfahrt und Reichswehr – hatte Carl von Ossietzky in seiner Zeitschrift »Die Weltbühne« veröffentlicht und damit dem Parlament einen Anlaß gegeben, die Mittel der Luft-

Katapultstart des Postflugzeugs Heinkel He 12 von Bord der »Bremen« 400 km vor New York, 22. Juli 1929.

fahrt-Abteilung im Reichsverkehrsministerium drastisch zu beschneiden. Neben der Luftfahrtindustrie – die in Berlin ansässigen Firmen Albatros und Rohrbach mußten als Folge ihren Betrieb einstellen – war die Luft Hansa von dieser Maßnahme besonders schwer betroffen. Es erfolgten in größerem Umfang Entlassungen und Gehaltskürzungen; Strecken wurden eingestellt oder ausländischen Unternehmen überlassen. In dieser Notsituation schaffte die Reichspost dadurch einen Ausgleich, daß sie die Luft Hansa mit dem Aufbau eines Spezial-Luftpostnetzes beauftragte.

In dieser Zeit drückte die Luft Hansa noch ein weiteres Problem. Seit ihrer Gründung hatte sie allein Anspruch auf Subventionen aus Reichsmitteln. Zunächst wurde eher belächelt als beachtet, daß sich am 26. Juli 1926 in Fürth eine neue Fluggesellschaft etabliert hatte. Die von Theo Croneiß geleitete Nordbayerische Verkehrsflug GmbH knüpfte von Fürth aus ein regionales Flugnetz nach Thüringen und Sachsen; eingesetzt wurden die von Willy Messerschmitt konstruierten Kleinverkehrsflugzeuge M 18. Mit diesem besonders wirtschaftlichen Flugzeug gelang es tatsächlich, ohne Subventionen des Reiches auszukommen. Erst der Versuch, parallel zur Luft Hansa einen Liniendienst von Leipzig nach Ber-

lin einzurichten, führte in die Konfrontation. Beteiligt waren daran nicht nur die beiden Fluggesellschaften, sondern auch der Reichsverkehrsminister auf der einen und die Länder Sachsen, Thüringen und Bayern auf der anderen Seite. Am Ende konnte sich Theo Croneiß behaupten. Er erreichte, daß seine in Deutsche Verkehrsflug AG umbenannte Firma bis zum 31. März 1934 neben der Luft Hansa innerdeutsche Liniendienste unterhalten konnte.

Neue Flugzeuge

Im Auftrag der Luftfahrt-Abteilung des Reichsverkehrsministeriums wurden 1929 die viermotorige Junkers G 38 und das zwölfmotorige Flugschiff Dornier Do X fertiggestellt. Sie waren damals die größten Land- und Seeflugzeuge der Welt. Trotz ihres in der Öffentlichkeit viel beachteten Atlantikflugs – Rio de Janeiro und New York waren Stationen der Reise – erwies sich die Do X als ungeeignet für den Luftverkehr. Die beiden bei Junkers in Dessau gebauten G 38, langsam, aber komfortabel, wurden von 1931 an unter Führung von Flugkapitän Otto Brauer im planmäßigen Dienst der Luft Hansa eingesetzt. An Bord sorgte, wie bereits bei der Junkers G 31,

ten. Im Mai 1932 wurde die erste Ju 52/3m an die Luft Hansa ausgeliefert; sie wurde zum erfolgreichsten und ohne Zweifel populärsten Verkehrsflugzeug Deutschlands. Allein bei der Lufthansa – am 30. Juni 1933 wurde die Schreibweise geändert – waren bis 1945 mehr als 200 Ju 52/3m eingesetzt. Auch bei vielen anderen Fluggesellschaften in Europa, Südamerika, Südafrika und China fand dieses Flugzeug Verwendung und war bei den Besatzungen wie bei den Passagieren gleichermaßen beliebt. Eine Ju 52/3m, die D-AQUI aus dem Jahr 1936, ist heute das Traditionsflugzeug der neuen Lufthansa.

Eurasia – Brückenschlag nach Fernost

Nach dem erfolgreichen Peking-Flug der beiden Junkers G 24 im Spätsommer 1926 entsandte die Lufthansa ihren Prokuristen Wilhelm Schmidt

Links:
Plakat der Lufthansa,
dreißiger Jahre. 1933
war die Schreibweise
geändert worden.

Rechts:
Luft-Hansa-Aufkleber
mit einer Rohrbach-
Roland, 1928.

ein Steward der Mitropa für das Wohl der Fluggäste.

Doch vor Größe zählte in jenen Jahren Geschwindigkeit. Das Erscheinen der schnellen Lockheed Orion auf den Strecken der Swissair veranlaßte die Luft Hansa, mit finanzieller Unterstützung durch das Reichsverkehrsministerium, bei Heinkel und Junkers die Entwicklung von kleinen einmotorigen Schnellflugzeugen in Auftrag zu geben. Mit diesen Flugzeugen, der He 70 und der Ju 60/160, richtete die Luft Hansa von 1933 an ihre Blitz-Strecken im innerdeutschen Liniendienst ein.

In die gleiche Zeit fiel der Auftrag der Luft Hansa, die bis dahin als einmotoriges Frachtflugzeug konzipierte Junkers Ju 52 zur Verwendung als Passagierflugzeug mit drei Motoren auszustat-

nach China, um die Möglichkeiten für einen Luftverkehr zwischen Europa und Asien zu sondieren. Erst nach langwierigen Verhandlungen konnte am 21. Februar 1930 ein Vertrag zur Gründung der chinesisch-deutschen Luftverkehrsgesellschaft Eurasia Aviation Corporation abgeschlossen werden. Neben dem chinesischen Verkehrsministerium war die Lufthansa zu einem Drittel an diesem Unternehmen beteiligt, das den asiatischen Brückenkopf des transkontinentalen Luftverkehrsprojekts bilden sollte.

Chinas Luftfahrt steckte zu dieser Zeit noch in den Anfängen. Personal und Fluggerät wurden deshalb von der deutschen Seite gestellt. Da nur wenige primitive Flugplätze vorhanden waren, mußte die Eurasia alle für den Flugbetrieb erforderlichen Anlagen selbst errichten. Dazu gehörte

*Das Sportflugzeug
Raab-Katzenstein
RK 9 »Grasmücke«,
1928.*

*Eine Halberstadt
CL IV D-IBAO als
Foto- und Passagier-
flugzeug, restauriert
vom Museum für
Verkehr und Technik
Berlin.*

Seite 74:
Blick in die Kabine
einer Ju 52.

Seite 75:
Junkers 52/3m, die
berühmte »Tante Ju«,
im Museum.

auch der Aufbau eines eigenen Flugfunk- und Flugwetterdienstes.

Am 31. Mai 1931 eröffnete die Eurasia ihren Postflugdienst mit der 2350 Kilometer langen Strecke Schanghai – Peking – Manchouli. Die angestrebte lückenlose Flugverbindung zwischen Berlin und Schanghai konnte aber wegen der fehlenden Etappe innerhalb der Sowjetunion noch nicht verwirklicht werden. Auch alle späteren Versuche der Lufthansa, eine regelmäßige Verbindung nach China über andere Routen aufzubauen, hatten bis zum Beginn des Zweiten Weltkriegs keinen Erfolg.

So konzentrierte sich die Eurasia schon bald darauf, innerhalb Chinas ein Luftverkehrsnetz einzurichten, das zeitweilig bis nach Hongkong und Hanoi ausgedehnt wurde. Der Flugzeugpark der Eurasia bestand durchweg aus Junkers-Flugzeugen, auf denen von 1937 an zunehmend chinesische Besatzungen Verwendung fanden. Am 1. August 1941 wurde der gesamte Betrieb der Eurasia von den Chinesen übernommen, und die letzten deutschen Mitarbeiter verließen das Unternehmen.

Stützpunkte in Südamerika

Bereits 1919 wurde in Bogotá mit Unterstützung von Junkers die kolumbianisch-deutsche Fluggesellschaft SCADTA gegründet. Sie war das erste Luftverkehrsunternehmen in Südamerika und

bildete in den folgenden zwei Jahrzehnten den Ausgangspunkt für weitere deutsche Luftfahrtprojekte.

Fritz W. Hammer, zunächst Technischer Direktor der SCADTA, war an den meisten dieser Unternehmungen maßgeblich beteiligt. Auf seine Initiative gründete die Deutsche Aero Lloyd AG im Mai 1924 in Berlin das Condor-Syndikat, um unter Mitwirkung der SCADTA einen Flugboot-Dienst von Kolumbien über Mittelamerika nach Florida einzurichten. Das Hegemoniebedürfnis der USA ließ dieses Projekt bereits mit dem ersten Versuchsflug scheitern. Nachdem die Lufthansa das Condor-Syndikat 1926 übernommen hatte, wurde das Betätigungsfeld an die südamerikanische Ostküste verlegt, um dort eine Basis für den geplanten Transozeanverkehr zu schaffen. Im November 1926 unternahm Hammer mit dem Dornier Wal »Atlantico« einen Flug von Buenos Aires nach Rio de Janeiro.

Mit der Erteilung einer brasilianischen Konzession und der Aufnahme des Flugbetriebs wurde das Unternehmen am 1. Dezember 1927 unter Leitung von Fritz W. Hammer als Syndicato Condor Ltda. in Rio de Janeiro etabliert. War man zunächst entlang der Küste bis Porto Alegre im Süden und bis Natal im Norden geflogen, so kamen von Juli 1930 an auch Strecken in das Landesinnere hinzu. In Verbindung mit dem Luftpostdienst der Lufthansa nach Südamerika hatte das Syndicato Condor die Weiterbeförderung der Post ab Natal zu übernehmen und erweiterte das Streckennetz am 13. April 1934 bis nach Buenos Aires und am 26. April 1935 bis nach Santiago de Chile. In Corumba, an der Grenze zwischen Brasilien und Bolivien, wurde der Anschluß an den Lloyd Aereo Boliviano hergestellt, eine Fluggesellschaft, die 1925 mit Hilfe von Junkers entstanden war.

Sein rastloser Pioniergeist führte Fritz W. Hammer nach dem erfolgreichen Aufbau des Syndicato Condor an die Westküste Südamerikas, wo er am 24. Juli 1937 die ecuadorianische Fluggesellschaft SEDTA gründete, die nach seinem Tod von der Lufthansa übernommen und weitergeführt wurde. Am 10. Juli 1938 richtete die SEDTA ein Streckennetz innerhalb Ecuadors ein, für das die Lufthansa Flugzeuge und Personal stellte. Geplant war auch, eine Verbindung zu den Nachbarländern Peru und Kolumbien herzustellen.

In Peru konnte die Lufthansa unter eigenem Namen auftreten und errichtete am 22. Februar 1938 in Lima die Niederlassung Lufthansa Sucursal Peru als Brücke zur SEDTA und zum Lloyd Aereo Boliviano. Auf der 1220 Kilometer langen

Strecke Lima – Arequipa – La Paz wurde mit der Ju 52/3m geflogen.

Nach diesem Schritt nahm die Lufthansa-Bezirksdirektion Südamerika am 15. Juli 1938 mit Sitz in Rio de Janeiro ihre Arbeit auf. Die bis dahin vom Syndicato Condor beflogenen Etappen zwischen Natal und Santiago de Chile wurden nach und nach von Flugzeugen der Lufthansa übernommen. Am 5. Januar 1939 war das Ziel erreicht: die durchgehende Lufthansa-Poststrecke Berlin – Santiago de Chile.

Weitere Pläne der Lufthansa – von 1940 an war auch die Beförderung von Passagieren nach Südamerika vorgesehen – konnten nicht mehr verwirklicht werden. Mit Beginn des Zweiten Weltkriegs wurden alle von der Bezirksdirektion Südamerika durchgeführten Dienste wieder dem Syndicato Condor übertragen.

Für die USA war nun der Zeitpunkt gekommen, die Ausschaltung der lästigen Luftverkehrskonkurrenz aus Deutschland durch Druck auf die südamerikanischen Regierungen zu betreiben. Am 31. März 1941 wurden die Flugzeuge der Lufthansa-Filiale Peru beschlagnahmt, und am 3. September 1941 mußte auch die SEDTA ihren Betrieb einstellen. Das Syndicato Condor wurde am 13. Dezember 1941 durch Verweigerung von Benzinlieferungen lahmgelegt.

Atlantik-Luftverkehr

Zu den wichtigsten Zielen der deutschen Handelsluftfahrt gehörte von Anbeginn die Erschließung von Flugstrecken über den Atlantik, um Schnellverbindungen zu denjenigen Ländern in Amerika herzustellen, die besonders enge Beziehungen zu Deutschland hatten.

Nach zielstrebigen Vorarbeiten konnte die Lufthansa am 3. Februar 1934 den planmäßigen Luftpostdienst nach Südamerika aufnehmen. Da die Reichweite der Flugzeuge noch keine Nonstop-Flüge zuließ, dienten im Atlantik postierte Katapultschiffe als schwimmende Flugstützpunke auf dem Streckenabschnitt Bathurst-Natal. Mit jeweils bis zu 80 000 Luftpostsendungen an Bord wurde einmal wöchentlich in beiden Richtungen geflogen, zunächst mit dem Dornier Wal, später mit der Do 18, der Ha 139 und der Do 26. Bis der heraufziehende Zweite Weltkrieg am 25. August 1939 zur Aufgabe dieses Dienstes zwang, konnten 481 planmäßige Flüge über den Südatlantik durchgeführt werden.

Seite 76, v.o.n.u.:

Das größte Landflugzeug seinerzeit: die viermotorige Junkers G 38.

Postaustausch zwischen einer Dornier Wal der Syndicato Condor Ltda. und einem deutschen Passagierdampfer bei der Insel Fernando de Noronha, 1930.

Natur und Technik in China: Wasserbüffel ziehen in Chengtu eine Ju 52 der Eurasia aus dem Morast.

Die umfangreichen Erfahrungen der Lufthansa im regelmäßigen Südatlantik-Luftpostverkehr ermöglichten es, am 8. September 1936 die Erkundungsflüge über den Nordatlantik zu beginnen. Dabei wurde eine Streckenführung von Lissabon über die Azoren, wo wieder ein Katapultschiff stationiert war, nach New York gewählt. In zwei weiteren Versuchsperioden 1937/38 – anstelle der Do 18 wurde nun die Ha 139 eingesetzt – wies die Lufthansa mit 50 Nordatlantik-Flügen nach, daß es ihr technisch möglich war, regelmäßige Dienste aufzunehmen. Am 13. August 1938 flog sogar erstmals ein Landflugzeug, die FW 200 D-ACON, nonstop in knapp 20 Stunden von Berlin nach New York.

Solange jedoch amerikanische Fluggesellschaften hierzu nicht in der Lage waren, verweigerte die Regierung der USA die Genehmigung zur kommerziellen Luftpostbeförderung. Für die Lufthansa war damit die Fortführung ihrer Nordatlantik-Flüge sinnlos geworden.

Luftverkehr im Dritten Reich

Zum Jahresende 1932 konnte die Aufbauarbeit der Lufthansa als abgeschlossen gelten. Trotz finanzieller Schwierigkeiten und Beschränkungen im Zusammenhang mit den besonders im Deutschen Reich spürbaren Folgen der Weltwirtschaftskrise hielt das Unternehmen eine Spitzenposition im Luftverkehr. Die Flotte umfaßte 155 Flugzeuge, die ein Streckennetz von nicht weniger als 27 745 Kilometern bedienten. In anderen Kontinenten, in Südamerika und in China, hatte sich die Lufthansa Stützpunkte geschaffen, die alsbald die Aufnahme von Flugverbindungen in diese Regionen ermöglichen sollten. Zentrum des Streckennetzes der Lufthansa war der Flughafen Berlin-Tempelhof, der zu dieser Zeit ohne Übertreibung als Luftkreuz Europas galt.

Durch die politische Zeitenwende, die Machtübernahme durch die Nationalsozialisten am 30. Januar 1933, erhielt die Luftfahrt in Deutschland einen anderen Stellenwert. Die Zuständigkeit für Luftfahrtangelegenheiten wurde sofort vom Reichsverkehrsminister auf ein Reichskommissariat der Luftfahrt und von Mai 1933 an auf das Reichsluftfahrtministerium übertragen. An dessen Spitze trat Hermann Göring, dem der Lufthansa-Direktor Erhard Milch als Staatssekretär zur Seite stand.

Die gesamte Luftfahrtindustrie wurde in den bis März 1935 noch geheimen Aufbau einer Luftwaffe eingespannt. Auch die Lufthansa blieb von dieser Entwicklung nicht unberührt. Ihre wachsende Flotte von Ju 52-Flugzeugen war im Fall der Mobilmachung mitsamt den Besatzungen als Behelfskampfgeschwader vorgesehen.

Unter der Tarnbezeichnung Reichsbahn-Strekken mußte die Lufthansa zusätzliche Nachtlinien mit der Ju 52/3m und der Do 11 einrichten, auf denen Militärpiloten ihre Blindflugausbildung erhielten. Noch vor 1933 von der Lufthansa in Auftrag gegebene Flugzeugmuster, wie zum Beispiel die He 111, die Ju 86 und die Do 17, wurden nun vorrangig für Zwecke der Luftwaffe entwickelt und kamen allenfalls in sehr geringer Stückzahl als Verkehrsflugzeuge zum Einsatz.

Am Leitwerk der Lufthansa-Flugzeuge, wo das Firmenemblem seit seiner Einführung bei der Deutschen Luft-Reederei im Jahr 1919 seinen Platz hatte, kündete nun die Hakenkreuzfahne von der politischen Wende in Deutschland. Verdiente Mitarbeiter, so Erich Schatzki, der Leiter der Technischen Entwicklung, und der Flugkapitän Heinz Silberstein, mußten die Lufthansa aufgrund der nationalsozialistischen Rassenpolitik ebenso verlassen wie das Vorstandsmitglied Martin Wronsky, der allerdings wegen seiner hervorragenden internationalen Beziehungen bis in

DEUTSCHE LUFTHANSA

Oben:
Flughafen Berlin-Tempelhof, 1928: das Luftkreuz Europas.

Unten:
Werbeplakat der Lufthansa, 1937.

Die Sportfliegerin Elly Beinhorn mit ihrer Messerschmitt »Taifun«, 30. Juni 1939.

2. Ausbau des innereuropäischen deutschen Luftverkehrsnetzes nach allen für die deutsche Wirtschaft wichtigen Kultur- und Handelszentren der europäischen Länder, wobei besonderer Wert auf eine möglichst häufige und den Verkehrsbedürfnissen entsprechende Flugplangestaltung gelegt wird.

3. Ausbau der geplanten Großluftwege in ferne Erdteile, wie nach den Vereinigten Staaten von Nordamerika, nach Südamerika, den Nahen und Fernen Osten.«

Bis zu Beginn des Zweiten Weltkriegs waren diese Ziele weitgehend erreicht oder standen unmittelbar vor der Verwirklichung.

Das innerdeutsche Streckennetz wurde ausschließlich mit der Ju 52/3m sowie den Schnellflugzeugen He 70 und Ju 160, seit 1936 auch mit der He 111 und der Ju 86 beflogen. Auf den europäischen Linien setzte die Lufthansa seit 1938 auch die viermotorigen Verkehrsflugzeuge Ju 90 und FW 200 ein. Nach Nahost nahm sie am 29. Oktober 1937 eine Linie Berlin – Athen – Rhodos – Damaskus – Bagdad – Teheran – Kabul in Betrieb; nach Fernost eröffnete die Lufthansa am 25. Juli 1939 einen planmäßigen Dienst über die Südroute bis nach Bangkok, die versuchsweise über Hanoi und Hongkong bis nach Tokio weitergeführt wurde.

die Zeit des Zweiten Weltkriegs als Berater weiterhin gefragt war.

Die Ziele der Lufthansa wurden den neuen Gegebenheiten angepaßt:

»1. Schaffung schneller und häufiger Flugverbindungen nach allen wirtschaftlich und kulturell wichtigen deutschen Städten, wobei die der deutschen Volkswirtschaft nützlichen Gesichtspunkte berücksichtigt werden.

Eine Junkers Ju 90 startet in Berlin-Rangsdorf, zu Kriegsbeginn 1939 für kurze Zeit Ausweichflughafen der Lufthansa für Tempelhof.

Der Kriegsbeginn am 1. September 1939 zwang die Lufthansa zur Einstellung ihres gesamten Flugbetriebs; 116 Verkehrsflugzeuge mußten kurzfristig an die Luftwaffe abgegeben werden und kamen mit ihren Besatzungen als Transporter zum Einsatz. Sämtliche von der Lufthansa bestellten Flugzeuge, so auch die für den Übersee-Luftverkehr nach Nord- und Südamerika vorgesehenen sechsmotorigen Flugboote BV 222, wurden für den Militäreinsatz umgebaut und an die Luftwaffe geliefert. Die Überholungswerften der Lufthansa waren hauptsächlich damit beschäftigt, im Kriegseinsatz beschädigte Flugzeuge der Luftwaffe zu reparieren.

In kleinem Rahmen baute die Lufthansa vom 21. September 1939 an wieder ein Luftverkehrsnetz auf; auch die Fluggesellschaften verbündeter und neutraler Staaten flogen erneut nach Berlin. Allerdings fand der Flugbetrieb in den ersten Wochen nicht in Tempelhof statt, sondern auf dem Flugplatz Rangsdorf im Süden der Stadt. Die neue Freundschaft mit der Sowjetunion bescherte der Lufthansa am 20. Januar 1940 einen Liniendienst nach Moskau, in Betriebsgemeinschaft mit der Aeroflot. Verbindungen nach Skandinavien, Spanien, Italien und zum Balkan wurden von der Lufthansa bis in die letzten Kriegswochen beibehalten.

Der reduzierte Flugzeugbestand wurde zum Teil durch Zuweisung ausländischer Flugzeuge –

DC 2, DC 3 und Bloch 220 – ergänzt. Im Herbst 1944 kamen von der Luftwaffe noch einige Ju 290 und FW 200 hinzu und flogen auf dem inzwischen stark geschrumpften Streckennetz. Vom 23. April 1945 an konnte Berlin jedoch nicht mehr von der Lufthansa angeflogen werden, und bis zum 5. Mai 1945 wurde nur noch ein Liniendienst von Flensburg nach Skandinavien mit Lufthansa-Flugzeugen aufrechterhalten. Mit dem Dritten Reich war auch die deutsche Verkehrsluftfahrt untergegangen.

Mit dem »Fieseler-Storch« in den Krieg: Hitler in Brûly-de-Pesche an der belgisch-französischen Grenze, Juni 1940.

Holger Steinle

DAS FLUGZEUG WIRD MUSEUMSOBJEKT –
DIE BERLINER LUFTFAHRTSAMMLUNGEN

Die Ursprünge der Berliner Luftfahrtsammlungen reichen bis in die Anfangstage der Luftfahrt in Deutschland zurück. Mit der Eröffnung des Flugplatzes Johannisthal im September 1909 entstand am Rand des Flugfelds eine Reihe von Gaststätten und Cafés. Am bekanntesten war wohl die Gaststätte von Franz Tolinski, wo sich seit 1912 eine Sammlung von »Reliquien aus verhängnisvollen Aeroplan- und Ballonkatastrophen« befand. Dieses »Aviatische Museum« war die damals umfangreichste Sammlung dieser Art

anderer Ort des Sammelns und Aufbewahrens von Luftfahrzeugen heraus, wenn auch noch nicht mit dem konkreten Ziel, ein Museum zu gründen. So begann man bereits vor dem Ersten Weltkrieg, ausrangierte Flugzeuge in Schuppen auf dem Flugplatz Johannisthal zu lagern. Hier ist vor allem die im April 1912 gegründete Deutsche Versuchsanstalt für Luftfahrt (DVL) zu nennen, die neben ihrer eigentlichen Aufgabe – der Prüfung von Flugzeugen, Motoren und weiterem Ausrüstungsgerät – ihr besonders wichtig erschei-

Seite 80:
Der geplante Neubau
für die Abteilungen
Luft- und Raumfahrt
und Schiffahrt soll
1995 an der Ecke
Trebbiner Straße /
Schöneberger Ufer
eröffnet werden.

in Deutschland, vom Volksmund allerdings geringschätzig als »Bruchmuseum« bezeichnet.
Eine andere, bereits nach wissenschaftlichen Aspekten geordnete Luftfahrtsammlung war die Luftschiffahrt-Abteilung im 1872 gegründeten Reichspostmuseum. Die im Juni 1910 eröffnete Ausstellung umfaßte Abbildungen, Urkunden, Gedenkmünzen sowie Bildnisse von Luftschiffern; den Mittelpunkt bildete eine Gruppe von Modellen deutscher Luftschiffe und Flugzeuge. Im Original wurde ein Teil des Aluminiumgerüsts des 1908 bei Echterdingen verunglückten Luftschiffs LZ 4 gezeigt. Es war das erste Mal, daß es in einem staatlichen Berliner Museum eine ständige Ausstellung zum Thema Luftfahrt gab. Gleichzeitig kristallisierte sich in Berlin noch ein

nende Objekte sammelte und aufbewahrte. Während des Ersten Weltkriegs kamen zahlreiche Beutemaschinen hinzu, die zum Teil auch in Kriegsausstellungen gezeigt wurden. Diese Bestände bildeten später den Grundstock aller Sammlungen, die in Berlin zum Thema Luftfahrt entstanden.
Nach dem verlorenen Ersten Weltkrieg errichtete man 1923 eine bescheidene »Luftfahrt-Sammlung der Stadt Berlin« in einer Baracke am Flugplatz Tempelhof. Als sich jedoch die Pläne für ein repräsentatives Luftfahrtmuseum in Berlin nicht verwirklichen ließen, wurden 1930 nach der Schließung dieses Provisoriums zahlreiche Exponate, darunter auch einige aus den Beständen der DVL, dem 1929 in Böblingen gegründeten Deut-

Links:
Tolinskis Fliegerheim
in Johannisthal
heute.

Rechts:
Aviatisches Museum:
die Wände von Franz
Tolinskis Fliegerheim
waren über und über
mit Bruchstücken von
abgestürzten Flugzeugen bedeckt. Es wurde
deshalb vom Volksmund auch »Bruchmuseum« genannt.

schen Luftfahrtmuseum übergeben. Dennoch bemühte sich in Berlin Georg Krupp, Hauptmann der ehemaligen Fliegertruppe und zeitweise Generalsekretär der Wissenschaftlichen Gesellschaft für Luftfahrt, weiterhin um den Aufbau einer Luftfahrtsammlung. Diese wurde dann auch 1932 am Rand des alten Flugplatzes Johannisthal eröffnet. Rund 40 Flugzeuge waren dort ausgestellt; dazu gehörten vor allem die historischen Bestände der DVL einschließlich der im Ersten Weltkrieg erbeuteten Maschinen sowie die Tolinski-Sammlung. Doch auch dieses Museum sollte aufgrund der abseitigen Lage nur von kurzer Dauer sein, es wurde 1934 bereits wieder geschlossen.

Aber anders als bisher war nunmehr der Aufbau eines zentralen deutschen Luftfahrtmuseums in Berlin beschlossene Sache. Zum neuen Standort wurde der seit einiger Zeit ungenutzte Ausstellungpalast, Alt-Moabit 4–10, nahe dem Lehrter Bahnhof, bestimmt. Nach größeren Umbauten entstand dort 1936 aus der ehemaligen Adlershofer Sammlung, Teilen der Junkers-Lehrschau aus Dessau sowie den Exponaten des Deutschen Luftfahrtmuseums in Böblingen und weiteren Fluggeräten die Deutsche Luftfahrt-Sammlung Berlin. Dieses größte Luftfahrtmuseum der Welt umfaßte bereits bei der Gründung mehr als 80 Flugzeuge; noch umfangreicher war die Sammlung

von Flugzeugmotoren mit über 100 Exemplaren. Im einzelnen gliederte sich die Sammlung auf einer Gesamtfläche von 13 000 Quadratmetern in folgende Abteilungen: Werdegang des Flugzeugs, Werdegang des Motors, Propellersammlung, Modellsammlung, Geschichte, Ausbildung, Wettbewerbe, Luftbildwesen, Medizinische Forschung, Materialkunde, Instrumente, Segelflug, Luftsport, Luftwaffe, Luftschutz, Wetterdienst, Forschung, Freiballons und Luftschiffe, Tolinskis Sammlung sowie Vogel- und Pflanzenflug.

Bevor man die eigentliche Sammlung betrat, konnte man auf der Freifläche vor dem Gebäude einige Flugzeuge besichtigen; dazu gehörte neben den Verkehrsmaschinen Dornier Komet und Dornier Merkur auch eine dreimotorige Junkers G 24. Betrat der Besucher die Eingangshalle, fiel sein Blick sogleich auf das größte Exponat der Sammlung, das Flugschiff Dornier Do X. Die Anfänge der Luftfahrt wurden durch Maschinen von Karl Jatho und Hans Grade, eine Etrich-Taube und eine Jeannin-Stahltaube dokumentiert. Sehr umfangreich war auch die Sammlung von Flugzeugen aus dem Ersten Weltkrieg. Neben erbeuteten Luftfahrzeugen waren Maschinen folgender deutscher Flugwerke vertreten: AEG, Albatros, Aviatik, DFW, Fokker, Halberstadt, Junkers, LFG, LVG, Pfalz, Rumpler, Siemens-Schuckert und Zeppelin-Staaken. Die Abteilung

Mittelpunkt der Luftfahrt-Sammlung am Lehrter Bahnhof war das Luftschiff Do X; rechts im Bild die Heinkel He 5e, die heute noch in beschädigtem Zustand im Depot des Museums für polnische Luftfahrt in Krakau lagert.

Luftschiffe zeigte neben einer Vielzahl von Modellen, Ausrüstungsgegenständen und Konstruktionsteilen der Schiffe unter anderem auch die Führergondel des Marine-Luftschiffs L 14. Die nach 1918 einsetzende Entwicklung des Luftverkehrs wurde durch eine Sablatnig P III dokumentiert, die im Dienst der Deutschen Luft Hansa gestanden hatte, und eine umgebaute Rumpler C IV, die von der Deutschen Luftreederei eingesetzt worden war. Aus der Vielzahl der gezeigten Maschinen seien hier nur noch genannt: das Zeitungsflugzeug Heinkel HD 39, das Höhenforschungsflugzeug Junkers Ju 49 ba und das Muskelkraftflugzeug von Helmut Haeßler und Franz Villinger. Einen besonderen Anziehungspunkt bildete ein Baumuster des Rekordflugzeugs Heinkel He 100.

Im Jahr 1939 wurde die Deutsche Luftfahrt-Sammlung einer durchgreifenden Umgestaltung und Erweiterung im Sinne der nationalsozialistischen Kriegspropaganda unterzogen. Die ersten erbeuteten Flugzeuge des Zweiten Weltkriegs kamen in das Museum, weitere Exponate wie die Curtiss Hawk von Ernst Udet wurden ausgestellt. 1943 umfaßte die Sammlung mindestens 105 Motorflugzeuge, neun Segelflugzeuge, rund 150 Motoren, umfangreiches Luftkriegsgerät wie Flakscheinwerfer, Horchgeräte, Bomben, aber auch Modelle, Bilder und zahlreiches anderes An-

schauungsmaterial. Bevor im Rahmen der geplanten nationalsozialistischen Umgestaltung Berlins ein neues Gebäude bezogen werden konnte, beschädigten britische Bomber in den Nächten zum 23. und zum 24. November 1943 das Gebäude sehr stark. Als einziges Objekt befand sich danach nur noch das Wrack der Do X bis in die Nachkriegsjahre hinein in der Ruine, bis es auch bei deren Abriß schließlich beseitigt wurde. Damit schien das Kapitel Luftfahrtmuseum in Berlin endgültig abgeschlossen, das Interesse an der Luftfahrtgeschichte erloschen zu sein.

Erst 1982 gegründet, versucht das Museum für Verkehr und Technik, das sich als Erbe zahlreicher technikgeschichtlicher Berliner Museen der Vorkriegszeit sieht und somit auch an manche der bewahrenswerten Traditionen der Deutschen Luftfahrt-Sammlung Berlin anknüpft, wesentliche Zeugen der deutschen Luftfahrtgeschichte wieder zusammenzutragen. 26 Flugzeuge sind bereits vorhanden – allerdings bis zur Eröffnung des Neubaus noch in Depots oder zu Gast bei der Royal Air Force in Berlin-Gatow, da der zur Ausstellung notwendige Platz nicht vorhanden ist. Neben Nachbauten existieren bereits unter anderem eine Henri Mignet HM 8, eine Klemm Kl 25, eine Bücker Bü 181, eine Nord 1002 (Bf 108), eine Junkers Ju 52/3m, ein Fieseler Fi 156 »Storch« sowie eine Boeing 707; rund 50 Triebwerke und umfangreiches Archivmaterial ergänzen die Sammlung.

Bedeutender als dieser Bestand sind jedoch die Flugzeuge, die nach Berlin kommen werden und eine besondere Geschichte haben. Unklar war nämlich bis vor wenigen Jahren das Schicksal der Deutschen Luftfahrt-Sammlung am Lehrter Bahnhof. Nur wenige Luftfahrthistoriker wußten, daß 24 Flugzeuge aus dieser Sammlung in Czarnkow in Polen den Zweiten Weltkrieg überlebt hatten. Aber wie sie dorthin gelangt waren und wo die übrigen Flugzeuge geblieben waren, wußte anscheinend niemand. Ein Zufall half, diese Fragen vierzig Jahre nach Kriegsende zu beantworten.

Nach der Herausgabe eines Buchs über die untergegangene Deutsche Luftfahrt-Sammlung Berlin meldete sich bei den Autoren der Verantwortliche, der im Jahr 1943 mit der Auslagerung des Museums beauftragt worden war. Dieser hatte im Frühjahr jenes Jahres mit Hilfe von Mitarbeitern der Lufthansa und russischen Kriegsgefangenen damit begonnen, alle Flugzeuge der Sammlung zu zerlegen und transportbereit zu machen. Da Pommern damals als sicher vor Bombenangriffen galt, fuhren bald Güterwagen und Lastwagen mit den Museumsschätzen zu notdürftigen Auf-

bewahrungsorten, unter anderem in Schneidemühl, Schlochau, Treptow und Darsow. Dort standen Flugzeuge und Motoren in Tanzsälen, Werkstatträumen, Trockenhallen und Ställen. Im Spätsommer war das ganze Museum leergeräumt, bis auf die Do X, die für den Abtransport zu groß war. Die erhaltenen Flugzeuge in Pommern wurden jedoch nach Kriegsende, anders als die Do X in Berlin, von den Polen nicht verschrottet. Nach mehreren Umquartierungen landeten sie schließlich unzugänglich im Depot des Museums für Luft- und Raumfahrt in Krakau.

In langjährigen Verhandlungen zwischen dem Krakauer und dem Berliner Museum konkretisierte sich schließlich ein Kooperationsmodell, das bei den damals äußerst schwierigen Rahmenbedingungen als beispielhafte Form einer derartigen Zusammenarbeit angesehen werden konnte. Die »salomonische« Lösung sah vor, diejenigen Flugzeuge in Polen zu belassen, die für die polnische Luftfahrtgeschichte von besonderer Bedeutung waren; nach Berlin sollten dagegen die Flugzeuge kommen, die keinen Bezug zur polnischen Luftfahrtgeschichte hatten, aber für die deutsche Luftfahrtentwicklung wichtig waren. So wurde schließlich am 15. Januar 1986 ein Kooperationsvertrag zwischen beiden Museen unterzeichnet, der die gemeinsame Restaurierung

Von links nach rechts: Fieseler Fi 158, Heinkel HD 39, Caspar C-32, und Albatros L.83 D-2024; unter dem Rundbogen beginnt die Motorensammlung.

der Flugzeuge in den nächsten Jahren in Berlin vorsah. Seit Mai 1986 arbeiteten polnische und deutsche Fachleute an der Wiederherstellung der ersten beiden Flugzeuge, einer Jeannin-Stahltaube aus dem Jahr 1914 – jetzt im Berliner Museum ausgestellt – und einer Albatros L 30 aus dem Jahr 1919, die in Krakau zu sehen ist. Unterdessen warten noch rund 20 Flugzeuge auf ihre Restaurierung, alle äußerst seltene Exemplare, die meisten sogar Unikate wie die AEG Eule von 1914, das Albatros Höhenversuchsflugzeug H 1 von 1926, eine Albatros L 101, Udets Curtiss Export Hawk, eine Geest Möwe, eine Heinkel He 5e, eine LFG Roland D VIb, das Rekordflugzeug Messerschmitt Me 209 V 1 und viele andere. Nachdem sich jedoch nunmehr die Beziehungen zwischen Polen und Deutschland grundsätzlich zum Positiven verändert haben, ist jetzt vorgesehen, eine einvernehmliche Regelung zur Rückgabe aller Flugzeuge zu erreichen. Dies läßt hoffen, daß auch in Berlin bald wieder eine repräsentative Sammlung zur deutschen Luftfahrtgeschichte zu sehen sein wird.

Untermauert wird diese Aussicht auch durch weitere Projekte, die kurz vor dem Abschluß stehen oder bereits angelaufen sind. So entwickelte sich als Folge der hervorragenden Restaurierungsarbeit im polnisch-deutschen Projekt eine ähnliche Zusammenarbeit mit zwei der führenden Luftfahrtmuseen der Welt, dem US Air Force Museum in Dayton und dem National Air and Space Museum in Washington. Angefangen hatte es bei einem Besuch des Kurators des NASM, Robert C. Mikesh, in Berlin; dabei nahm die Idee Gestalt an, hier vier deutsche Flugzeuge zu restaurieren, die seit Jahren in den USA magaziniert sind. Es handelt sich dabei um drei Halberstadt CL IV

und eine Halberstadt CLS I, die dem Schorndorfer Luftfahrtpionier Paul Strähle gehört hatten. Da eine Restaurierung in den USA in absehbarer Zeit nicht möglich war, stellt nun das vergrößerte Restaurierungsteam des MVT diese Flugzeuge bis 1991 fertig. Anschließend werden zwei Maschinen wieder in die USA zurückgebracht, zwei bleiben als Gegenleistung im MVT.

Daneben laufen Verhandlungen mit anderen Technikmuseen, um seltene Stücke zu bekommen. Erfolgversprechende Recherchen nach Flugzeugwracks werden auch und gerade in exotischen Ländern durchgeführt. Große Sammlungen, aber auch wertvolle Einzelstücke bereichern fortlaufend den Museumsbestand, der, so steht zu hoffen, 1995 in einem Neubau mit 8000 Quadratmetern Ausstellungsfläche erstmals vollständig präsentiert werden kann.

Bei der Restaurierung der Halberstadt CL IV D-IBAO wird das fehlende Rumpfmittelstück nachgebaut. In Material, Abmessungen und Bauweise entspricht es völlig den vorhandenen Teilen.

Martin Kutz

LUFTMACHT, LUFTRÜSTUNG, LUFTKRIEG IM DRITTEN REICH – VOM DEUTSCHEN »BLITZ« ZUM INFERNO DER BOMBENNÄCHTE

Die Vorstellungen, die man sich in den Jahren vor dem Ersten Weltkrieg von einem künftigen Krieg gemacht hatte, waren, gemessen am tatsächlichen Kriegsverlauf, geradezu romantisch. Den Krieg als »Industriekrieg«, als Krieg zwischen industriellen und sozialen Potentialen, hatte sich noch keiner ausmalen können. Deshalb waren die politisch-militärischen Führungseliten auch nicht in der Lage, die »Naturwüchsigkeit« dieses Kriegs strategisch zu lenken. Erst die totale Erschöpfung eines der Kriegsgegner führte zum Kriegsende.

Ganz anders sieht die Vorgeschichte des Zweiten Weltkriegs aus. Man hatte begriffen, daß der Zukunftskrieg wieder ein Industriekrieg sein würde, daß Massenproduktion und Technik entscheidende Größen sein würden. Deswegen scheute man sich in allen Industriestaaten, den großen Industriekrieg, einen zweiten Weltkrieg, zu führen. Auch Deutschland, auch Hitler scheute davor zurück. Wollte man trotzdem Krieg – und Hitler wollte das –, mußte man ihn so schnell und so radikal führen, daß die Industriepotentiale im Krieg selber nicht mehr entscheidend sein würden, sondern im wesentlichen der Stand der Rüstung zu Beginn des Kriegs. Also statt eines Stellungskriegs die erzwungene Bewegung und die rasche Entscheidung auf dem Schlachtfeld!

Luftstreitkräfte galten dafür als ebenso unverzichtbar wie die weitgehende Motorisierung der Landstreitkräfte. »Blitzkrieg« war angesagt – wie er im Ersten Weltkrieg mit dem Aufmarsch von 1914 versucht worden war. Der Begriff ist zwar eine spätere Erfindung, die Grundgedanken waren aber schon um 1900 entwickelt.

Der Luftkrieg im militärischen Denken der NS-Zeit

Luftmacht, Luftwaffe und Luftrüstung waren unter den Veteranen des Luftkriegs von 1914 bis 1918 wie unter den Militärtheoretikern der zwanziger und dreißiger Jahre heftig diskutierte Themen. Beherrschend für die Art der Auseinandersetzung waren dabei die Kriegserfahrungen, besonders die der Jahre 1917/18 an der Westfront.

Allgemein hatte sich die Auffassung durchgesetzt, daß Luftstreitkräfte in einem zukünftigen Krieg eine entscheidende Rolle spielen würden, zumindest, daß ohne sie Kriegführung unmöglich sei, gleichgültig ob es sich um einen Verteidigungs- oder um einen Angriffskrieg handeln würde.

Wie immer in Zeiten des Umbruchs, gab es zwei Denkschulen. Die Modernisten erkannten nicht nur sehr schnell die neuen Möglichkeiten des jungen Waffensystems, sie neigten auch dazu, seinen Einsatz zu radikalisieren und seine Wirkung zu überschätzen. Dies gilt zumindest für das, was mit dem damaligen technischen Stand der Flugrüstung praktisch möglich war. Die Modernisten dachten eher an die Zukunft und spekulierten mit der rasanten technischen Weiterentwicklung.

Die Traditionalisten waren wenig geneigt, solchen Zukunftsentwürfen von Luftmacht und Luftkrieg zu folgen. Sie waren an der technischen Vervollkommnung des Geräts und an seinem Einsatz in den praktizierten Bahnen interessiert. Das hieß aber in Anlehnung an die Praxis des Ersten Weltkriegs, daß man Flugzeuge für Heeres- oder Marine-Operationen, also als Unterstützungstruppe, zu optimieren suchte.

Am weitreichendsten im Sinne der Modernisten haben Amerikaner und Briten ihre Luftmacht definiert. Großbritannien hatte schon am Ende des Weltkriegs seine Luftstreitkräfte als dritte selbständige Teilstreitkraft etabliert. Frankreich dagegen tat das genaue Gegenteil, obwohl man zwischenzeitlich sowohl den ersten Großverband, eine Luftwaffendivision, als auch die organisatorische Selbständigkeit eingeführt hatte. Doch konnte sich schließlich die Heeresgeneralität durchsetzen, die die Luftstreitkräfte nur als Hilfswaffe der Landstreitkräfte begriff.

Deutschland war durch den Versailler Vertrag jegliche militärische Nutzung von Flugzeugen untersagt. Die geheime Luftrüstung vor 1933 war eher ein bescheidenes Erprobungsprogramm der Reichswehr als ernstzunehmende Rüstungsvorbereitung. Mußte doch alles Wesentliche außerhalb der Reichsgrenzen, meist in Rußland, stattfinden.

Die Herstellung von Sturzkampfbombern (»Stukas«) in den Junkerswerken Dessau, 1940.

Dies änderte sich schlagartig mit der Etablierung des NS-Regimes. Hitler selbst setzte offenbar stark auf Luftmacht und Luftrüstung, und einer seiner engsten Vertrauten aus der sogenannten Kampfzeit war Hermann Göring, der letzte Chef des legendären Jagdgeschwaders Nr. 1 von Richthofen aus der Zeit des militärischen Zusammenbruchs 1918 im Westen.

Den Fliegeroffizieren des Ersten Weltkriegs war schon im Krieg klar geworden, daß Luftstreitkräfte nach eigener militärischer Gesetzlichkeit eingesetzt werden müßten, und sie hatten deshalb schon 1917 eine eigenständige Teilstreitkraft unter kaiserlichem, also reichseinheitlichem Befehl wie bei der kaiserlichen Marine gefordert.

Diese Offiziere, auch Göring, erkannten die zukünftigen Möglichkeiten von Flugzeug und Flugwesen als zivile ökonomische Größe, zugleich aber sahen sie in Luftstreitkräften die Waffe der Zukunft. Allerdings blieben unter den Verantwortlichen des Dritten Reichs die Form und der Einsatz solcher Streitkräfte strittig und bis Kriegsende unentschieden.

Die theoretische Diskussion über die zukünftige Rolle der Luftstreitkräfte wurde am nachhaltigsten durch den italienischen Fliegeroffizier Giulio Douhet bestimmt. In seinem Buch *Il dominio dell'aria* (deutsch: Luftherrschaft, 1935), 1921 erstmals erschienen, spitzte er die sich gegen Ende des Weltkriegs andeutenden Möglichkeiten des Einsatzes von Flugzeugen radikal zu. Das Buch, in immer neuen Auflagen erweitert und überarbeitet, wurde in viele Sprachen übersetzt, unter Militärs und Politikern heftig diskutiert

und dabei meist abgelehnt – vor allem in Italien selbst. Erst 1935 erschien es in Deutschland. Die Grundthesen Douhets lauten:

1. Luftstreitkräfte entscheiden den Krieg der Zukunft. Da sie durch keine Hindernisse aufgehalten werden können, sind sie nach dem zu erwartenden Stand der Technik in der Lage, den Krieg ins Hinterland des Feindes zu tragen, ohne daß dieser eine entscheidende Gegenwehr aufbauen kann. Der Angreifer ist in der Lage, seine Kräfte beliebig zu konzentrieren und die Angriffsrichtung zu bestimmen, während der Verteidiger nur per Zufall oder mit unverhältnismäßigem Aufwand die Angreifer überhaupt erst zu orten vermag.

2. Entscheidend im Luftkrieg wird der Bombenkrieg, da mit dem Einsatz von Bomben die Nervenzentren und »Kraftquellen« der Kriegführung zerstört werden können. Wenn man die politischen und militärischen Kommandozentralen, die Verkehrswege und die Rüstungszentren zerstört, nimmt man den feindlichen Truppen alle wesentlichen Voraussetzungen zum Widerstand.

3. Eine gezielte Zerstörung der Ballungszentren des feindlichen Landes mit den zu erwartenden riesigen Verlusten unter der Zivilbevölkerung wird zu deren Demoralisierung und schließlich zur Forderung nach Frieden um jeden Preis führen, dem sich die feindliche Regierung dann auch nicht mehr entziehen kann.

Eine gewisse prophetische Fähigkeit Douhets läßt sich nicht leugnen. Man sieht aus seinen Sätzen von 1921 förmlich die Grundmuster des Luftkriegs im Zweiten Weltkrieg herausschauen. In einer Hinsicht hat sich jedoch Douhet – und die, die sich auf ihn verlassen haben – eine falsche Vorstellung gemacht. Douhet glaubte, Luftkrieg sei der Natur nach nur Angriffskrieg und Luftverteidigung sei prinzipiell so aufwendig, daß sie praktisch nicht in Betracht komme. Seine Jagdfliegererfahrung von 1918, daß große Bombenflugzeuge von Jägern kaum noch zu bekämpfen seien, führte ihn zu dem Fehlschluß, das mit Abwehrwaffen schwer bestückte Bombenflugzeug, im Verband eingesetzt, könne Jagdfliegern standhalten.

Da er zugleich nicht mit der Erfindung des Radargeräts rechnen konnte, das rechtzeitige Ortung und damit gezielten Einsatz von Luftverteidigungskräften ermöglichte, forderte Douhet den Bau und den Einsatz eines Einheitstyps von Bombenflugzeugen.

In Deutschland war die Reaktion zwiespältig. Hitler beispielsweise scheint eher wie Douhet gedacht zu haben. Er war offenbar fest von der

These überzeugt, Luftstreitkräfte seien der Natur nach Angriffskräfte, und forderte deswegen ständig den Bau von Bombern, besonders von strategisch einsetzbaren Langstreckenbombern mit hoher Nutzlast.

Das Heer dagegen, an einer direkten Unterstützung seiner Landoperationen interessiert, forderte Flugzeuge für den Erdkampf, für Aufklärungszwecke, sowie Jagdflieger, um nicht selber, wie im Ersten Weltkrieg, Opfer solcher Luftstreitkräfte des Feindes zu werden.

Auch die neue Luftwaffenführung wurde von einem Jagdflieger des Ersten Weltkriegs, nämlich Göring, übernommen, der bis 1918 in einem der erfolgreichsten Jagdverbände aller beteiligten Staaten gekämpft hatte und wohl kaum der Auffassung war, daß die Jagdwaffe nichts erreichen könne.

Zugleich begann seit 1933 ein stürmischer Aufbau der Luftwaffe, der nahezu alle intellektuellen und materiellen Kräfte wegen der vielen praktischen Probleme band. Wie schon in den Jahren 1910 bis 1918 setzte sich ein wildes Experimentieren, Improvisieren, kurzfristiges Planen, Um-

planen, Organisieren und Umorganisieren fort. Ein Nachdenken über Konzepte oder Strategien konnte so nicht stattfinden. Grundsatzentscheidungen wurden getroffen, ohne daß man erkannt hatte, daß es solche waren. Eine ernsthafte theoretische Debatte blieb aus.

Der Aufbau der Luftwaffe

Der Aufbau einer Luftwaffe stand 1933 außer jeder Diskussion. Wie in anderen militärischen Bereichen auch, mußte die beginnende Aufrüstung aber geheim bleiben, um die Siegermächte des Ersten Weltkriegs nicht schon in der Anfangsphase zur Intervention zu reizen. Es galt also zu improvisieren und zunächst hinreichend fliegendes Personal auszubilden. Dabei konnte man sich auf zivile Einrichtungen stützen, die schon in der Weimarer Zeit von der Reichswehr unterstützt worden waren.

Das erste militärische Fluggerät ähnelte noch sehr den Flugzeugen des Ersten Weltkriegs. Selbst Doppeldeckerflugzeuge gab es zunächst noch, die sich von ihren Kriegsvorbildern im wesentli-

Die Nation wird psychologisch auf den Krieg vorbereitet: »Tag der Wehrmacht« während des Reichsparteitags in Nürnberg, 12. September 1938. Die Flak simuliert die Abwehr eines Tieffliegerangriffs.

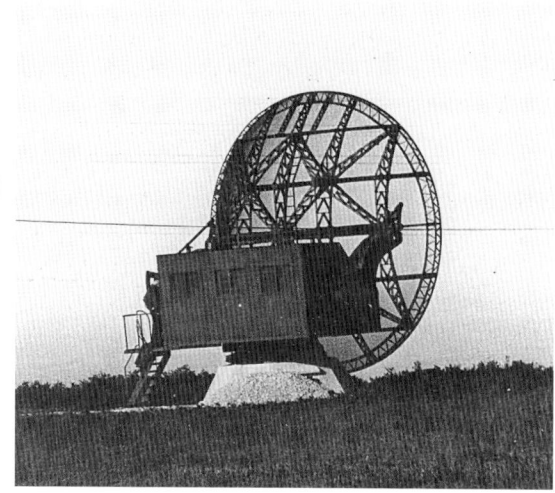

chen nur durch die höhere zwei- bis dreifache Motorenleistung unterschieden.

Erst 1933 konnte man unter den gegebenen politischen Umständen an die Flugzeugindustrie Entwicklungsaufträge für Hochleistungsflugzeuge geben, die dem neuesten Stand der Technik entsprachen. Zugleich wurden aber schon im ersten Halbjahr 1933 allein für 52 Millionen Reichsmark Aufträge an die Flugzeugindustrie vergeben. Um diese Summe mit heutigen Ausgaben vergleichen zu können, müßte man sie wegen der Preisentwicklung mit zehn multiplizieren.

Ein erster Luftrüstungsplan sah den Bau von 1560 Flugzeugen vor. Er war in technischer wie in operativer Hinsicht ein Kompromiß. Technisch mußte man sich noch mit geringen Standards zufrieden geben. So sollte das Transportflugzeug Ju 52 als Übergangsbombenflugzeug gebaut oder umgebaut werden. Operativ kam man dem Bedürfnis der Heeresführung entgegen, indem man etwa ein Drittel der Flugzeuge für Aufklärungszwecke vorsah. Die geringe Einschätzung der Luftverteidigung zeigte sich in der Anzahl von nicht einmal 200 geplanten Jagdflugzeugen; der Geist von Douhet manifestierte sich auch trotz der damals gegebenen technischen und politischen Einschränkungen in der Plangröße von 764 Bombenflugzeugen. Bis Oktober 1935 sollte dieses Programm erfüllt sein.

Damit erhielt die Luftfahrtindustrie die Initialzündung für eine ungeahnte Expansion. Schon innerhalb des ersten Jahres verdoppelte sie ihre Beschäftigtenzahlen, verdreifachte sie bis Ende 1934 und verdoppelte sie dann Jahr für Jahr bis Ende 1936. Danach waren die Arbeitsmarktreserven weitgehend aufgebraucht. Immerhin hatte sich die Beschäftigtenzahl von 5900 im Frühjahr 1933 auf 293 000 Ende 1938 erhöht.

Auch die Anzahl der Flugzeugfabriken stieg von nur vier Produktionsstätten 1933 auf 30 im Jahr 1938 und die Produktionsfläche von 30 000 auf über eine Million Quadratmeter. Die Zahl der produzierten Flugzeuge stieg von 36 im Jahr 1932 auf bereits 368 im Jahr 1933. Ein Jahr später wurden fast 2000 Flugzeuge gebaut und 1936 erstmals über 5000. Von 1936 bis 1938 stagnierte der Flugzeugbau der Zahl nach, um erst 1939 auf fast 8300 zu steigen. Inzwischen hatte sich aber auch der Charakter der Flugzeuge erheblich verändert. Die in Serie gegangenen Neuentwicklungen waren technisch erheblich aufwendiger und deshalb auch sehr viel teurer und schwieriger zu bauen. War es im Ersten Weltkrieg noch möglich gewesen, innerhalb von sechs Monaten ein Flugzeug vom Reißbrett zur Serienreife zu bringen, so wurden die Entwicklungszeiten nun viel länger. Zwei Jahre bis zum Erstflug wurden in den dreißiger Jahren Standard. Bis zur Einführung in die Truppe verging mindestens noch ein weiteres Jahr.

So sind die Entwicklungsaufträge von 1933 erst Mitte der dreißiger Jahre in größerer Stückzahl eingeführt worden und gingen erst seit 1938 wirklich in die Großserienfertigung. Sie waren zum Teil schon 1941/42 technisch überholt, mußten aber weitergebaut werden, weil die Mittel fehlten, den neuesten Stand der Technik in Großserienbau umzusetzen, und weil weitere Entwicklungsarbeit nur noch als Verbesserung an vorhandenen Mustern möglich schien oder erlaubt wurde.

So mußte das meistgebaute deutsche Jagdflugzeug, die Me 109 (ca. 35 000 Stück), weitergebaut werden, obwohl sie den alliierten Jägern von 1941 an unterlegen war. Der sogenannte Schnellbomber He 111 (1935 Erstflug) war 1942 so veraltet, daß man die Fertigung 1944 einstellte. Weil man im Spanischen Bürgerkrieg mit der Ju 87 als Sturzkampfbomber große Erfolge erzielt hatte, wurde sie noch gebaut, obwohl sie schon 1939 als technisch überholt galt. Ihr Einsatz in Polen und Frankreich bei voller Luftherrschaft verdeckte ihre Mängel so sehr, daß sie erst in der Luftschlacht um England wegen ihrer hohen Abschußquote aus dem Kampf gezogen werden mußte. Später wurde sie im Erdkampf an der Ostfront eingesetzt.

Natürlich gab es auch technisch bessere Flugzeuge, wie den Jäger von Focke-Wulf FW 190, der der Me 109 überlegen und noch länger britischen und amerikanischen Jägern gleichwertig blieb. Er konnte aber nicht in genügender Stückzahl gebaut werden (20 000 gegen 35 000 Me 109). Daß es insgesamt auch mit den technischen Standards der Flugzeugindustrie nicht so weit her

war, wie manche Legende meint, sieht man daran, daß es nicht gelang, einen strategischen Fernbomber (Hitlers »Uralbomber«) zu bauen, allein schon deshalb, weil entsprechend leistungsfähige Motoren nicht in angemessener Zeit entwickelt werden konnten.

Auch die deutschen Düsenflugzeuge waren nicht so leistungsstark wie vielfach angenommen. In Deutschland wurden vier solcher Flugzeuge entwickelt. Das erste flog im Sommer 1941. Ein Jahr später ein zweiter Prototyp. Vergleichbare Flugzeuge gab es in England auch schon 1941, in den USA im Herbst 1942, in der UdSSR im Frühsommer 1942. Die deutschen Prototypen waren zwar leistungsfähiger, aber ihre praktische Einführung machte große Schwierigkeiten. Die Turbinen waren anfällig und unsicher, die Ausbildung der Piloten äußerst schwierig. Die Maschinen waren bei niedriger Geschwindigkeit nahezu wehrlos

Bomber vom Typ He 111 bei einem Staffelflug über Paris, 1940.

Der Abfangjäger Messerschmitt Me 163 A »Komet« mit einem Walter-Raketentriebwerk. Die Flugerprobung begann im Februar 1941.

und für den Kampf gegen Bomber schon wieder zu schnell. Daß sie, rechtzeitig gebaut und eingesetzt, das Kriegsglück gewendet hätten oder auch nur den Luftkrieg über Deutschland hätten verhindern können, ist eine Legende.

Selbst wenn man akzeptieren wollte, daß die technischen Voraussetzungen in Deutschland mit denen in Großbritannien oder in den USA gleichwertig gewesen wären – die ökonomischen Kräfte hätten auf keinen Fall gereicht, den technischen Standard in kriegsverwendungsfähige Maschinen umzusetzen und diese dann in den notwendigen Massen zu produzieren. Der als Uralbomber bezeichnete Fernbomber, bereits 1933 in Entwicklung gegeben, wurde auch deshalb nicht gebaut, weil man für ein Flugzeug dieser Größe zwei bis drei leichte Bomber einsetzen konnte. Den militärischen Vorstellungen, daß die Luftwaffe für das Heer als Ergänzungswaffe dienen sollte, kam das entgegen. Den Aufbau einer eigenständigen strategischen Luftflotte haben Göring und Hitler mit dieser Entscheidung verhindert.

Auch als es um die sogenannten V-Waffen (V = Vergeltung) ging, wie um den Düsenflugzeugbau im letzten Kriegsjahr, konnte man immer nur eines von beiden bauen, weil Rohstoffe, Maschinen und Menschen fehlten; man mußte die alte Produktion so lange aufrechterhalten, bis die neue an ihre Stelle treten konnte.

Noch eine andere, von Laien immer wieder diskutierte »Ursache« der deutschen Niederlage war völlig belanglos für den Ausgang des Luftkriegs: Spionage oder die Fähigkeit der britischen Aufklärung, deutsche Funksprüche zu entschlüsseln. Die quantitative Überlegenheit der Alliierten war seit 1942/43 so groß, daß selbst bei strikter Geheimhaltung und geschicktester Führung die deutschen Kräfte nie auch nur für ein Patt ausgereicht hätten.

Defizite der Luftwaffenführung

Auch die Luftwaffenführung hat in entscheidenden Punkten versagt. Die Bedeutung der Technik
für den Luftkrieg haben selbst Fliegeroffiziere
nicht begriffen. Ingenieure hatten weder bei der
Rüstungs- noch bei der Einsatzplanung der Luftwaffe etwas zu sagen. »Generalluftzeugmeister«
Ernst Udet, Jagdflieger im Ersten Weltkrieg im
Geschwader Richthofen, dort Staffelchef unter
Göring als Geschwaderchef, war nur ein politisches Aushängeschild. Göring hatte ihn regel-
recht »eingekauft«, obwohl Udet Görings Mit-
gliedschaft im Verein der alten Kameraden des
Richthofengeschwaders verhindert hatte: wegen
erwiesener Feigheit, wie es hieß.

Als Udet nach Abbruch der verlustreich geschei-
terten Luftoffensive gegen England vor den
Trümmern seiner Arbeit stand, schoß er sich
Mitte November 1941 eine Kugel durch den

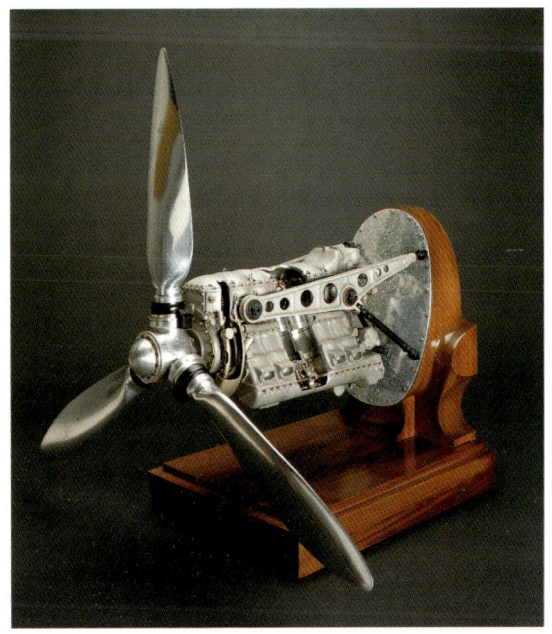

Oben:
Das Jagdflugzeug
Messerschmitt Me
109 G-6, originalge-
treue Rekonstruktion
im Auftrag von MBB,
Flugerprobungszen-
trum Manching.

Unten:
Modell des Flugzeug-
motors Jumo 211. Er
war u.a. im Stuka
und in der He 111
eingebaut.

Kopf. Sein öffentliches Ansehen war aber immer noch so groß, daß Göring ihm ein Staatsbegräbnis verordnete, obwohl er sich fragte, wieso Udet die deutsche Fliegerei in ein vollkommenes Chaos hineinmanövriert habe. Daß er, Göring, der Hauptschuldige war, hatte er dabei großmütig verdrängt. Udet, »des Teufels General«, hatte sich gutwillig opportunistisch durch das rüstungspolitische Dickicht laviert, zu korrigieren, zu steuern versucht und dabei ähnlich verbohrte Fehlentscheidungen getroffen wie andere Größen der NS-Zeit auch.

Auch vom Generalstab der Luftwaffe war nicht viel zu erwarten. Technischer Sachverstand, der selten genug war, wurde nicht genutzt. Von General und Staatssekretär Erhard Milch, dem Chef der Luftwaffenrüstung, ist der Ausspruch überliefert: »Es geht den Chef des Generalstabes nichts an, technische Sachen dem Führer vorzutragen.« Umgekehrt haben die Generalstäbler und Frontoffiziere die Ingenieure der Luftwaffe mit einer Mischung aus Hochnäsigkeit (»man hatte ja Fronterfahrung«) und Unverstand an erfolgreicher Arbeit gehindert, und das zu einer Zeit, in der Flugzeugingenieure und -techniker Mangelware ersten Ranges waren.

In Ausbildungsfragen war man kurzsichtig. Man hatte bereits ohne »Feindeinwirkung« hohe Verluste im Flugdienst. Über die Hälfte aller verlorengegangenen Flugzeuge ging hinter den Fronten, vor allem bei der Ausbildung, zu Bruch. Bis zum Beginn des Rußlandfeldzugs waren von den fast 9500 Flugzeugverlusten fast 5100 nicht im Kampf abgegangen. Ein Verhältnis, das also noch schlechter war als im Ersten Weltkrieg.

Trotzdem wurde die Ausbildung der Piloten immer weiter reduziert. Der Chef des Generalstabs brachte es wenige Wochen vor Beginn des Rußlandfeldzugs auf die kurze Formel: »Zuerst müssen wir Rußland schlagen, dann kann ausgebildet werden.« So reduzierte man auch die Flugbenzinzuteilung für die Fliegerschulen, obwohl man immer mehr Piloten ausbilden mußte. 1942 war man mit 5300 Piloten ausgekommen, schon 1943 mußten es über 12 100 sein, um die Verluste ausgleichen zu können.

Das war nur möglich durch radikale Kürzung der Flugstunden in der Ausbildung und damit durch die rapide Verschlechterung des Ausbildungsstandes und Kampfwerts der Piloten. Da die Alliierten den umgekehrten Weg einschlugen, die Ausbildungszeit im Krieg auf bis zu 400 Flug-

Seite 94:
Eine V1 über der Londoner City, 1944.

Seite 95:
Start der ersten Großrakete der Welt, der Versuchsrakete A IV, später V2 genannt, in Peenemünde, Oktober 1942.

stunden vor dem Einsatz verdoppelten, mußten selbst bei gleichwertigen Waffensystemen deutsche Piloten immer öfter und immer schneller den kürzeren ziehen. Hatte man bis Kriegsbeginn noch 250 Flugstunden bei der Pilotenausbildung, waren es Ende 1944 häufig nur noch ganze 50.

So hat die Luftwaffenführung Flugmaterial und Menschen systematisch »verheizt«. Es war dann eine geradezu natürliche Konsequenz, daß das mangels einsatzbereiter Flugzeuge zu Hunderttausenden überflüssig gewordene Personal der Luftwaffe in den sogenannten Luftwaffenfelddivisionen als Heerestruppe eingesetzt wurde. Auf diese Aufgaben ebenfalls schlecht vorbereitet, gingen sie in den Abwehrschlachten vor allem an der Ostfront zugrunde.

Menschen hatte man ja genug zur Verfügung. Als man 1935 aus dem Schatten der Geheimhaltung hervortrat, gab es ganze 18 200 Luftwaffensoldaten, schon zwei Jahre später hatte man die Zahl verzehnfacht, und bis Kriegsbeginn war die Truppe auf ca. 373 000 Soldaten angewachsen. Auf dem Höhepunkt des Kriegs hatte die deutsche Luftwaffe über 1,8 Millionen Soldaten, einschließlich der bodengebundenen Flugabwehr, der Flakhelfer und Luftwaffenhelferinnen.

Die Luftwaffe im Kriegseinsatz: »Wer Wind sät ...«

Hatte Hitler bei der Zerschlagung der Tschechoslowakei mit dem Bombenkrieg nur gedroht, im Polenfeldzug wurde es wieder ernst. »Wieder« deshalb, weil die deutsche Luftwaffe mit sogenannten Freiwilligen in den Spanischen Bürgerkrieg eingegriffen hatte. Guernica – die Stadt, die von deutschen Bombern zerstört wurde – wurde zum negativen Symbol dieser Intervention. Dort lernten deutsche Flieger und die Luftwaffenführung den Luftkampf als Heeresunterstützung mit dem damals neuesten und besten Gerät, besonders mit der später zum »Stuka« weiterentwickelten Ju 87. Die Perfektionierung dieser Art des Flugzeugeinsatzes wurde aber eine strategische Sackgasse, weil im Zweiten Weltkrieg dann viel weiterreichende Aufgaben für Luftstreitkräfte vorrangig wurden.

Der Bombenkrieg wird in Deutschland auch heute noch als eine Angelegenheit der Alliierten angesehen. Begonnen haben damit die Deutschen, und das im großen Maßstab. Während des Polenfeldzugs flog die Luftwaffe ca. 9000 Bombeneinsätze und warf dabei ca. 20 000 Tonnen Bomben ab. Allein 5800 Tonnen wurden vom 17. September an auf das von der Wehr-

macht eingeschlossene Warschau abgeworfen, etwa dreimal soviel wie 1945 auf Dresden fielen!

Die Luftwaffe hatte versucht, die polnische Luftwaffe durch einen Überraschungsangriff am Boden zu zerstören. Das mißlang, weil die polnischen Luftstreitkräfte vor Angriffsbeginn auf Feldflugplätze disloziert worden waren. Da die Polen in der Luft aber technisch und zahlenmäßig weit unterlegen waren, wurden sie trotz heftigster Gegenwehr vernichtend geschlagen. Die Luftwaffe hatte jedoch höhere Verluste als die Polen. Ihr gingen allein über 520 Flugzeuge verloren. Entscheidend für den Feldzug wurde aber nicht der Bombenkrieg gegen Warschau oder der Sieg über die unterlegenen polnischen Luftstreitkräfte. Es war vielmehr der konzentrierte Einsatz der Luftwaffe zur Heeresunterstützung.

Diese fand direkt statt, Sturzkampfbomber und andere Flugzeuge griffen aus der Luft in die Bodengefechte ein. Noch wirkungsvoller war die indirekte Unterstützung durch Zerstörung von Verkehrswegen, Truppenansammlungen, Telefon- und Telegrafenzentralen und damit der Führungsorganisation der polnischen Armee. Brükken und Bahnhöfe wurden unbrauchbar ge-

bombt und damit der ohnehin schon materiell und personell unterlegenen polnischen Armee das Rückgrat gebrochen.

Der schnelle Sieg verdeckte einige Schwächen der deutschen Luftstreitkräfte, die erst in Frankreich, zum Teil erst in der Luftschlacht um England, hervortraten. Die Zeit zwischen Ende September 1939 und Anfang Mai 1940 ermöglichte es, die Verluste in Polen wieder auszugleichen und die Luftrüstung so weiterzutreiben, daß fast 2000 Flugzeuge mehr zum Westfeldzug zur Verfügung standen als zu Beginn des Kriegs. Die deutsche Stärke betrug 175 Prozent der alliierten Kräfte allein der Zahl nach. Die französische Luftwaffe war außerdem veraltet, und selbst viele moderne Flugzeugtypen waren nicht so leistungsfähig wie die deutschen. Die deutsche Luftwaffe hatte eine dreifache Überlegenheit an Bombenflugzeugen und setzte diese nach ihren Erfahrungen in Polen noch konzentrierter ein.

Eröffnet hat die deutsche Luftwaffe den Westfeldzug mit einem Angriff auf die deutsche Stadt Freiburg im Breisgau, um, wie beim deutschen Überfall auf den deutschen Sender Gleiwitz, einen Vorwand für die Westoffensive zu schaffen.

Der Angriff im Westen galt zunächst der feindlichen Luftwaffe, die man durch einen Überraschungsschlag am Boden zerstören wollte. In Belgien, den Niederlanden und im französischen Frontgebiet gelang das auch. 30 bis 40 Prozent der alliierten Luftstreitkräfte auf dem Kontinent waren damit gleich zu Beginn ausgeschaltet.

Wie in Polen, hatte die deutsche Jagdwaffe den Auftrag, die Luftüberlegenheit, möglichst die Luftherrschaft über dem Einsatzgebiet der Heerestruppen zu erkämpfen. Dies gelang ihr fast vollständig. Die Bomberflotte wurde diesmal noch enger an den Einsatz des Heeres gebunden und hat zum Teil als schnell verlegbare und verfügbare weitreichende Heeresartillerie gekämpft.

Zusätzlich wurden Bombeneinsätze gegen feindliche Truppenansammlungen, Verkehrswege, Verbindungslinien aller Art wie in Polen geflogen, vom 14. Mai an kam es auch zum Bombenterror gegen Städte. Rotterdam war das erste Opfer, obwohl die Kapitulationsverhandlungen schon in Gang waren. Die für die Kriegführung völlig uninteressante Altstadt wurde in wenigen Stunden in Trümmer gelegt. Dann wurden auch Einsätze gegen französische Städte geflogen, z.B. Paris, Marseille und Dijon.

Trotzdem verlor die deutsche Luftwaffe in den wenigen Wochen des Frankreichfeldzugs fast 40 Prozent ihrer Flugzeuge, nahezu 52 Prozent der am 4. Mai 1940 einsatzbereiten Flugzeuge. Aller-

dings waren die französische, die belgische und die niederländische Luftwaffe fast völlig vernichtet, und die englische hatte mit 944 verlorenen Flugzeugen zwei Drittel ihrer Einsatzstärke von Anfang Mai eingebüßt. Damit war sie aber immer noch stark genug, die Luftherrschaft über dem bei Dünkirchen eingeschlossenen britischen Expeditionskorps zu wahren und damit dessen Evakuierung nach England zu sichern. Die ab-

gekämpften deutschen Verbände konnten ihre Überlegenheit an Zahl schon deshalb nicht ausspielen, weil sie von weit entfernten deutschen Flugplätzen aus operieren mußten, während die Briten Anflugzeiten von wenigen Minuten hatten.

Deutsche Truppen und Flieger hatten einen glänzenden Sieg errungen, die Luftwaffe wähnte sich im Besitz der Luftherrschaft, aber ein politisch-

Bildlegenden
siehe Seite 95

strategischer Erfolg, der das Kriegsende bedeutet hätte, war nicht in Sicht.

So entschloß sich die deutsche Führung, eine Invasion Englands vorzubereiten und dazu zunächst die englische Luftwaffe völlig niederzukämpfen. Nur so würde es möglich sein, Invasionstruppen trotz der britischen Überlegenheit zur See mit einigem Erfolg über den Kanal zu schicken. Sieben Wochen nahm man sich Zeit, die Luftwaffe auf diese Aufgabe vorzubereiten. Dann, am 13. August 1940, begann die Luftschlacht um England.

Wie zuvor schon in Polen, Frankreich, Belgien und den Niederlanden wollte man die feindliche Luftwaffe und ihre Bodenorganisation zunächst zerschlagen, um dann im Besitz der Luftherrschaft die Invasion durchführen zu können.

Ju-52-Transportmaschinen auf dem Flugfeld Potomnik bei Stalingrad, Winter 1942/43.

Hatte sich bisher Luftmacht ausschließlich als Aggressionsinstrument erwiesen und damit den Luftkriegstheoretiker Douhet bestätigt, zeigte sich nun erstmals die Bedeutung einer modernen Luftverteidigung.

England verfügte mit der Radartechnik – so schlecht sie auch funktionierte – über ein Warn- und Frühwarnsystem, das den Überraschungsangriff aus der Luft nun weitgehend unmöglich machte. Dazu hatte es in fieberhafter Tätigkeit eine erstklassige Bodenorganisation und eine Führungsstruktur entwickelt, die auf die Luftverteidigung nach damaligen Maßstäben nahezu perfekt ausgerichtet war. Zudem hatte man die Produktion von erstklassigen Jagdflugzeugen hochgeschraubt, darunter die wegen ihrer technischen Brillanz berühmte Spitfire, so daß mit zahlenmäßig weit unterlegenen Kräften ein Optimum an Leistung erbracht werden konnte.

Trotzdem war die Luftschlacht um England ein Kampf auf Leben und Tod. Die deutsche Luftwaffe konnte Tausende von Einsätzen fliegen und ihre tödliche Fracht in England abladen. Wegen dieser Fähigkeit war man in Deutschland zunächst auch ganz siegessicher. Nach drei Wochen Luftkrieg hieß es im Oberkommando der Wehrmacht: »Bisherige Ergebnisse des Luftkrieges gegen England bestätigen höchste Erwartungen.« Und zehn Tage später versprach Göring, der Oberbefehlshaber der Luftwaffe, England in zwei Wochen kapitulationsreif zu bomben. Aber schon drei Tage nach dieser pompösen Ankündigung, am 17. September 1940, wurde das Landungsunternehmen abgesagt. Damit war zwar noch nicht der Luftkrieg gegen England zu Ende, die Luftschlacht *um* England aber zugunsten Englands entschieden.

Was war geschehen? Die englische Luftverteidigung hatte sich als unüberwindlich gezeigt. Zu keiner Zeit der Luftschlacht sank die Zahl einsatzfähiger Jäger unter 700 Flugzeuge. Durch das Radar gewarnt und geführt, waren sie am Boden nicht zerstörbar und immer dort, wo die deutschen Bomberverbände angriffen. Die deutschen Bomberverbände waren nicht ausreichend mit Abwehrwaffen ausgerüstet und auch nur für kurze Strecken ausgelegt.

Deutsche Jäger waren Abfangjäger mit kurzen Reichweiten. Sie konnten nur geringen Begleitschutz fliegen, und lediglich die FW 190, die nur in geringer Zahl geflogen wurde, war den Spitfire-Jägern ebenbürtig. Die Me 109, der Standardjäger der Luftwaffe, hatte schon seit 1941 gegen die verbesserte Spitfire schwer zu kämpfen. Die Me 110 erwies sich als Jagdflugzeug als völlige Fehlkonstruktion und wurde aus den Kämpfen abgezogen. Ebenso mußte man alle »Stukas«, die Ju 87, schon nach sechs Einsatztagen gegen England aus dem Verkehr ziehen, weil diese technisch veralteten Flugzeuge reihenweise abgeschossen wurden.

Die Luftwaffenführung stand vor der Frage, den Luftkrieg einzustellen oder ihre Strategie zu ändern. Man entschloß sich jetzt, mit einer Luftwaffe, die für taktische, an Heeresoperationen gebundene Operationen gebaut war, einen strategischen Luftkrieg im Sinne Douhets zu führen. Dazu hätte man den Fernbomber gebraucht, den zu bauen man technisch und ökonomisch zu schwach war. Außerdem hätte man sich entscheiden müssen, ob man die militärische und ökonomische Infrastruktur angreifen oder auf die Theorie des Bombenterrors gegen die Zivilbevölkerung setzen wollte. Eine klare Entscheidung fiel nicht. So waren zwar die britischen Verluste bis Ende 1940 hoch, die Rüstungsindustrie blieb aber nicht nur intakt, sondern konnte ihre Produktion sogar erweitern.

Der Bombenkrieg gegen England erreichte trotzdem eine bisher nicht gekannte Intensität. So wurde Liverpool schon Ende August vier Tage lang bombardiert, etwa 1500 Tonnen Bomben, davon drei Viertel Brandbomben, gingen ins Stadtgebiet nieder. Die Hauptlast hatte aber London zu tragen. Vom 5. bis 17. September 1940 wurden in 11 100 Einsätzen 13 600 Tonnen Sprengbomben und 12 600 Kanister Brandbomben abgeworfen. Solche massierten Angriffe erlebte Deutschland erst seit 1943.

Am bekanntesten, obwohl in seiner Wirkung nicht besonders bedeutsam, wurde der reine Terrorangriff auf das Stadtzentrum von Coventry. Hitlers Triumphrede über den Bombenkrieg, in der er nicht mehr vom Ausradieren, sondern vom »Coventrieren« sprach, hat ihr Teil zu diesem Bekanntheitsgrad beigetragen. Die in Coventry konzentrierte Flugzeugindustrie wurde nicht getroffen, aber die 500 Tonnen Spreng- und die 30 000 Brandbomben verwandelten die Wohngebiete in ein Inferno. Trotzdem kamen »nur« 380 Menschen ums Leben, 800 wurden verletzt. Insgesamt gab es unter der britischen Zivilbevölkerung im ganzen zweiten Halbjahr 1940 22 700 Tote und 31 700 Verletzte. Verglichen mit den Opfern des Bombenkriegs über Deutschland sind das niedrige Zahlen.

Die Verluste der deutschen Luftwaffe waren enorm. Über 1600 Flugzeuge verlor sie allein durch Feindeinwirkung. Die sonstigen Verluste mitgerechnet, brauchte man allein vier Monatsproduktionen, um sie wieder auszugleichen. Da im Herbst die Entscheidung für den Rußlandfeldzug gefallen war, galt es, den Luftkrieg über England weniger verlustreich zu führen. Für England bedeutete das die dringend nötige strategische Atempause.

Beim Überfall auf die Sowjetunion hatte die deutsche Luftwaffe 3100 Flugzeuge zur Verfügung und die Unterstützung durch 1000 Flugzeuge ihrer Verbündeten, wovon Finnland und Rumänien etwa 800 stellten. Von den sowjetischen Flugzeugen waren – eigenen Angaben zufolge – nur etwa 20 Prozent modern. Die wachsende Zahl von Flugzeugen, die sich im Lauf des Kriegs den deutschen als ebenbürtig, teilweise sogar als überlegen erwiesen, war aber groß. Jedoch hatten die sowjetischen Luftstreitkräfte der Luft-

Stuka-Angriff auf Stalingrad, 1942.

waffe 1941 gerade in den westlichen Militärbezirken nicht viel entgegenzusetzen. Zudem gelang es der Luftwaffe, 47 Prozent der sowjetischen Flugzeuge durch den ersten Überraschungsschlag am Boden zu zerstören.

Der Sowjetunion war es allerdings schon im ersten Halbjahr 1941 gelungen, 2700 moderne Kampfflugzeuge zu produzieren, und im zweiten Halbjahr 1941 erreichte der Flugzeugbau schon fast 9800 Stück. Trotz der großen Verluste an Territorium und Fabriken steigerte die Sowjetunion ihre Flugzeugproduktion 1942 auf über 25 000 und bis 1944 auf über 40 000. Insgesamt lag ihre Kriegsproduktion bei über 130 000 Flugzeugen und damit allein schon ungefähr 25 Prozent höher als die gesamte deutsche Kriegsproduktion.

Oben links:
Luftwaffenhelfer an
einer 2-cm-Flak mit
Schwebekreisvisier
auf einem Flakturm,
Hennigsdorf bei
Berlin, April 1943.

Oben rechts:
Flakhelferin am Ziel-
finder eines Flak-
scheinwerfers, 1944.

Unten:
Nach einem Luftan-
griff auf Hamburg,
26. Juli 1943.

Auch die Kämpfe selber verliefen anders als von der deutschen Führung erwartet. Zwar hatte man einen Anfangserfolg erzielt, die sowjetische Luftwaffe brachte aber von Anfang an auch den deutschen Kräften große Verluste bei. Bis zum 5. Juli 1941, also in den beiden ersten Wochen, verlor die Luftwaffe 800, bis zum 2. August nochmals 870 Flugzeuge.

Beim Sturm auf Moskau 1941 konnte die Luftwaffe die Luftherrschaft über der sowjetischen Hauptstadt schon nicht mehr erringen, weil Stalin dort ca. 40 Prozent seiner Luftstreitkräfte zusammengezogen hatte. In den Winterkämpfen 1941/42 verlor die Luftwaffe weitere 1100 Flugzeuge, und bis April 1942 verzeichnete sie, vom Feldzugbeginn an gerechnet, ungefähr 4000 Totalschäden und 2650 andere Verluste.

Die sowjetische Luftwaffe war seit November 1942 bei den Kämpfen um Stalingrad und danach in der Ukraine bis zur Stabilisierung der deutschen Front im April 1943 erstmals strategisch in die Offensive gegangen. Vom 1. Dezember 1942 bis zum 30. April 1943, also in der Zeit dieser Kämpfe, verlor die Luftwaffe an allen Fronten 8810 Flugzeuge, davon aber allein zwei Drittel in Rußland.

Wegen der gleichzeitigen Invasion der Alliierten in Afrika, dann besonders in Italien, verlagerten sich die Einsätze der Luftwaffe stärker in den Mittelmeerraum. Seit dem Sommer 1943 begann der Bombenkrieg über Deutschland und damit der defensive Luftkampf. Im Mai waren der Luftwaffe noch ganze 3400 Flugzeuge in Rußland verblieben.

Verteilten sich die Verluste in der zweiten Jahreshälfte schon auf alle europäischen Kriegsschauplätze, so blieben sie mit 25 Prozent an der Ostfront noch beachtlich hoch. Aufs Jahr gerechnet, kann man davon ausgehen, daß 1943 knapp die Hälfte der deutschen Flugzeugproduktion von 24 800 Stück im Osten verlorenging.

Auf dem Höhepunkt des Luftkriegs und damit auch der deutschen Verluste von Juni bis Oktober 1944 verlor die Luftwaffe 37 Prozent ihrer Maschinen in der Reichsverteidigung, 32 Prozent im Westen, 25 Prozent an der Ostfront und nur knapp sieben Prozent im Süden und auf dem Bal-

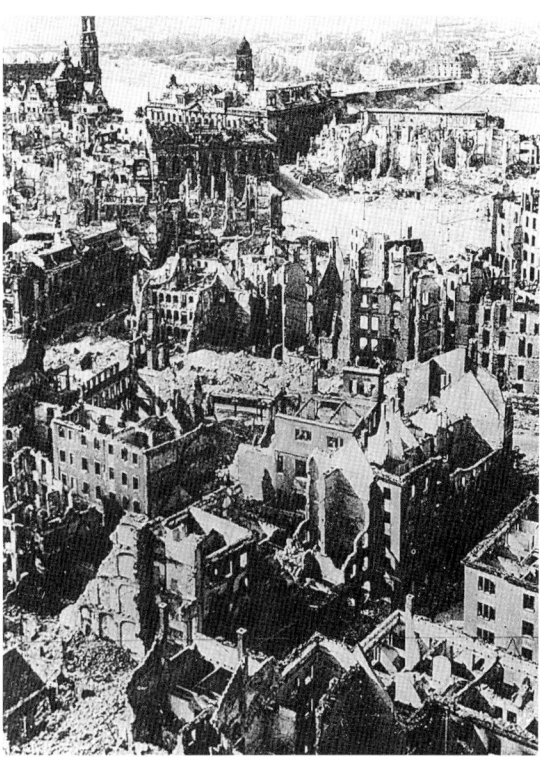

Links:
Frauen mit ihren Kindern vor dem Hochbunker am Zoologischen Garten in Berlin nach einem Luftangriff, Februar 1944.

Rechts:
Dresden, Februar 1945: im Hintergrund das Schloß und die Hofkirche.

kan. Erst jetzt trat die Ostfront als substanzzehrende Verlustquelle der Luftwaffe zurück. Das hieß aber auch, daß dort die sowjetische Luftwaffe die Luftüberlegenheit hinter den deutschen Linien und die absolute Luftherrschaft über eigenem Gebiet behauptet hatte.

Der Luftkrieg in Rußland war also wie der Blitzkrieg zu Lande nach kurzen Anfangserfolgen gescheitert.

»... wird Sturm ernten«: der Bombenkrieg der Alliierten

Nicht nur im Land- und Seekrieg war 1943 das Jahr, in dem die Deutschen an allen Fronten auf die Verliererseite gerieten. Auch im Luftkrieg war die Entscheidung gefallen. Schon die Zahlen zeigen das. Die Luftwaffe besaß Ende Dezember 1943 noch 6600 Flugzeuge, nachdem sie im abgelaufenen Jahr ca. 24 000 verloren hatte. Noch war die Produktion von neuen Maschinen etwas größer als die Verluste, aber die Qualität der Piloten nahm rapide ab, weil ihre Ausbildungszeit gegenüber 1939 um ein Drittel gekürzt worden war, um dann 1944 noch einmal auf die Hälfte reduziert zu werden. Jungen Piloten gelang es deshalb nur selten, überhaupt die ersten drei Einsätze zu überleben. Auf diese Weise wurden auch die Materialverluste der deutschen Luftwaffe in die Höhe getrieben.

Auf alliierter Seite standen den deutschen Kräften etwa 8800 sowjetische, 7000 britische und 20 000 amerikanische Flugzeuge gegenüber. Von letzteren war natürlich nur ein Teil direkt in die Kämpfe verwickelt, weil die amerikanische Luftwaffe, vom Krieg im Pazifik und den dortigen Kämpfen einmal abgesehen, die strategische Sicherung des ganzen Nordatlantiks besorgte und riesige Transportkapazitäten bereitstellte.

Die britische und die amerikanische Luftwaffenführung konnten sich nicht auf eine gemeinsame Strategie gegen Deutschland einigen. Der englische Oberkommandierende seit 1942, »Bomber-Harris«, auch »Butch« (von butcher = Schlächter) genannt, setzte im Sinne Douhets auf Terrorangriffe gegen die Zivilbevölkerung in den Ballungszentren. Auf sein Konto gehen die Nachtangriffe von Hamburg (1943) bis Dresden (1945).

Dagegen setzten die Amerikaner auf ein gezieltes Bombardement der Rüstungsindustrie Deutschlands – die zweite Variante des Douhetschen Denkens: Sie wollten die Kraftquellen der Militärs zerstören. Beide Varianten waren 1943 trotz riesiger Zerstörungen erfolglos. Die Terrorangriffe führten bis Ende 1944 weder zur Revolution in Deutschland noch zu tiefgreifenden Rückschlägen bei der Kriegsgüterproduktion. Diese erreichte im Oktober 1944 sogar ihren Höhepunkt. Die Amerikaner mußten für ihre Strategie außerdem noch große Verluste in Kauf nehmen. Denn gezielt die Kriegsproduktion treffen hieß, am Tag zu fliegen und sich damit allen Abwehrkräften unter deren besten Bedingungen zu stellen. Erste Ziele waren U-Boot-Werften, Flugzeugfabriken oder, mit den Angriffen auf Schweinfurt, die Kugellagerproduktion.

Die US-Luftwaffe hatte aber auch einen wichtigen Spezialdienst eingerichtet, den »U.S. Strategic Bombing Survey«, also eine Erfolgsüberwachung für das strategische Bombardieren. Dort wurde sehr bald durch Aufklärungsflüge festgestellt, welche Wirkung die Einsätze hatten. So konnte man die relative Wirkungslosigkeit schnell feststellen und neue Ziele ausprobieren.

Im Mai 1944 hatte man aber den zentralen Schwachpunkt der deutschen Kriegswirtschaft herausgefunden und dann auch systematisch seine Bombeneinsätze darauf abgestellt: die Treibstoffproduktion und das Verkehrswesen. Die Treibstoffversorgung ging schlagartig zurück. Mitte Mai 1944 flog man die ersten Angriffe auf die deutschen Hydrierwerke. Der Produktionsausfall bis Ende Juni betrug etwa 25 Prozent der Quartalsproduktion. Die für die Luftwaffe lebenswichtige Versorgung mit Superflugbenzin sackte von 175 000 Tonnen im April auf 52 000 Tonnen.

Der Bombenkrieg über Deutschland hatte im Grunde erst in der zweiten Jahreshälfte 1943 angefangen. Damals wurden 112 000 Tonnen Bomben über Deutschland und den von ihm besetzten Gebieten abgeworfen. Schon im ersten Halbjahr 1944 schnellte diese Zahl auf 406 000 Tonnen Bomben hoch. Noch im ersten Quartal 1944 wurden erst 25 Prozent davon auf die Kriegsindustrie geworfen, aber schon von April an mehr als 42 Prozent.

Von diesen fielen wiederum über 75 Prozent auf Brücken, Straßen, Bahnhöfe, Kanäle. Es entstand ein Verkehrschaos, das die Versorgung der Fabriken, der Städte, der Truppen teilweise fast unmöglich machte. Was nützte da noch die Steigerung der Panzerproduktion, wenn man keinen Treibstoff mehr hatte, sie an die Front zu bringen. Tausende von neuen Flugzeugen, für die kein Flugbenzin mehr da war, mußten geparkt werden und wurden zum leichten Opfer gezielter Luftangriffe. Den Zusammenbruch der Luftverteidigung konnte man auch nicht mehr dadurch aufhalten, daß man die Produktion von Jagdflugzeugen von Januar bis September 1944 auf die dreifache Monatsleistung steigerte und damit bis über 70 Prozent aller neuen Flugzeuge der Kategorie Jagdflugzeuge angehörten.

Der Untergang der deutschen Städte hatte im August 1943 mit der Bombardierung Hamburgs begonnen. Ungefähr 8000 Tonnen Bomben machten die Stadt zur Hölle. 42 000 Tote waren zu beklagen und über 80 000 Verletzte. Die Angreifer hatten aber auch Glück gehabt, weil die deutsche Luftverteidigung nicht richtig funktionierte. Als »Bomber-Harris« Mitte November Berlin genau so wie Hamburg treffen wollte, blieb trotz aller Zerstörungen die Katastrophe aus. Nur ca. 15 Prozent der Bevölkerungsverluste von Hamburg waren in Berlin zu beklagen.

Gegen den Ansturm von 1944 blieb man aber machtlos. Von Quartal zu Quartal steigerten sich die Angriffe. In den Sommermonaten war der Bombenhagel doppelt so stark wie im ganzen ersten Halbjahr und setzte sich dann bis Ende 1944 und darüber hinaus mit gleicher Intensität fort. Insgesamt wurden 1,2 Millionen Tonnen Bomben über deutsch beherrschtem Gebiet abgeworfen, etwa die Hälfte davon auf deutsche Städte, davon etwa gleich viel auf die Wohngebiete und auf die Verkehrswege, jeweils etwa ein Viertel der Gesamtmenge. Zusätzlich trafen 12 Prozent der Bomben die Treibstoffabriken.

Die am härtesten getroffenen Städte waren 1944 Duisburg, Köln und Essen, das ganze Ruhrgebiet. Auf Duisburg allein waren in vier Angriffen im Oktober, November und Dezember 1944 insgesamt 3100 Bomber angesetzt und luden dort zusammen über 13 000 Tonnen Bomben ab. Köln flogen 2100 Bomber in drei Tagen Ende Oktober an und verwandelten die Stadt mit über 9000 Tonnen Bomben in ein riesiges Trümmerfeld. Auf Essen waren 2300 Flugzeuge mit 10 500 Tonnen Bomben angesetzt.

In keinem dieser Fälle waren die Totenlisten wieder so lang wie 1943 in Hamburg. Der Luftschutz war inzwischen ausgebaut, große Teile der Bevölkerung, besonders Frauen und Kinder, waren in weniger gefährdete Gebiete evakuiert worden. Trotz der unaufhaltsamen Steigerung der Angriffe und des Zusammenbruchs der Luftverteidigung im zweiten Halbjahr 1944 war die Zahl aller registrierten Toten im schlimmsten Halbjahr des Bombenkriegs »nur« doppelt so hoch wie bei der Zerstörung Hamburgs im Jahr 1943.

Nur die militärisch völlig sinnlose Zerstörung Dresdens hat jüngsten Schätzungen zufolge allein mit 35 000 toten Dresdenern, ungerechnet die vielen Flüchtlinge, die Schreckenszahlen von Hamburg übertroffen. Man muß allerdings wissen, daß wirklich korrekte Zahlen gar nicht zu ermitteln sind. In den fünfziger und sechziger Jahren kam die vorsichtigste Schätzung für alle Toten in Dresden mit 60 000 vom Statistischen Bundesamt, die höchste ging von 245 000 Toten aus.

Trotzdem aber bekam nun jeder Deutsche die Folgen des Kriegs hautnah zu spüren. Die Zeit der Siege war endgültig vorbei, und die Frage war nur noch, ob die Niederlagen in Katastrophen ausufern würden oder begrenzt blieben. In Luftverteidigung und Luftrüstung wurden jetzt die letzten Reserven gesteckt. Schuljungen und Schulmädchen wurden von der Luftwaffe als Flakhelfer und Luftwaffenhelferinnen eingezogen, die jungen Leute, halbe Kinder noch, als Kanonen-, besser Bombenfutter verbraucht, während man aus den riesigen Personalbeständen der Luftwaffe eine Luftwaffenfelddivision nach der anderen aufstellte und für den »Endsieg« zu Lande »verheizte«.

Die Luftwaffenhelfergeneration der Jahrgänge 1926 bis 1929 hat zwar unter den extremen Bedingungen des Bombenkriegs mehr als ihren Mann gestanden, ist aber auch völlig desillusioniert zum Nationalsozialismus auf Distanz gegangen. Krieg war für sie nicht mehr die Bewährungsprobe des Mannes. Aus Untersuchungen ist bekannt, daß auch die NS-Kriegspropaganda an diesen Jugendlichen, die sich nur noch als ohnmächtige Opfer fühlten, völlig abprallte. Heldentum spielte im Bewußtsein dieser Jungen bald keine Rolle mehr.

Genaue Zahlen über ihren Einsatz gibt es nicht. Auf dem Höhepunkt des Luftkriegs dürften es aber 100 000 Jugendliche gewesen sein. Da auch Mädchen, Kriegsgefangene und russische »Freiwillige« als Flakhelfer eingesetzt waren, dürfte die überlieferte Begrüßung eines Batteriechefs, die er beim Appell seiner Einheit benutzt haben soll, durchaus der Wirklichkeit entsprochen haben: »Meine Damen, Kameraden, Jungens, Arbeitskameraden und Towarischtschi!«

Wurde von 1943 an statistisch jede vierte deutsche Waffe, vom Karabiner bis zum Düsenjäger, von Zwangsarbeitern und Konzentrationslagerhäftlingen produziert, so waren im letzten Kriegsjahr ganze Produktionszweige ohne die menschenvernichtende Zwangsarbeit gar nicht mehr vorzustellen. Der Bau von Stollen im mitteldeutschen Gebirge für die unterirdische Produktion von Jagdflugzeugen und Raketen, den sogenannten Vergeltungswaffen V1 und V2, hat Tausende von Zwangsarbeitern das Leben gekostet. Stellvertretend für andere Fälle sei hier auf die Herstellung und den Betrieb der berüchtigten Anlagen von »Dora Mittelbau« hingewiesen, der unterirdischen Produktionsstätte der Mittelwerk-

GmbH bei Nordhausen für Flugzeuge, Raketen, Treibstoff und andere kriegswichtige Produkte.

Dort sollten Konzentrationslagerhäftlinge ein Stollensystem ausbauen, das schon in den dreißiger Jahren für die Lagerung einer strategischen Treibstoffreserve begonnen worden war. Im Herbst 1943 wurde der erste Häftlingstransport in den Stollen untergebracht. Unter der Erde, unter katastrophalen hygienischen Bedingungen, miserabel ernährt, starben in der feuchten Kälte der Stollen die Menschen wie die Fliegen. Bis zum März 1944 waren dort 17 000 Häftlinge angekommen. Etwa sechs bis acht Wochen nach Ankunft begann jeweils das große Sterben: von November 1943 bis in den März 1944 monatlich

zwischen 550 und 770 Häftlinge und das, obwohl man wegen der Dringlichkeit der Arbeit ausgesucht kräftige und gesunde Häftlinge geschickt hatte. Im Januar, Februar und März 1944 schickte man jeweils 1000 völlig entkräftete, zum Skelett abgemagerte Häftlinge wieder in andere Lager zurück, vor allem nach Lublin (Polen) und Bergen-Belsen. Von diesen 3000 Menschen hat kaum einer längere Zeit überlebt. Ein großer Teil war schon auf den tagelangen Transporten in ungeheizten Viehwaggons an Entkräftung gestorben.

Allein im Winter 1943/44 starben in den Stollen fast 2900 Menschen, hinzu kamen mindestens 2000 Tote auf den Rücktransporten der Entkräfteten und Arbeitsunfähigen. Fast 90 Prozent der Toten waren ausländische Zwangsarbeiter, unter ihnen besonders Russen, Franzosen und Polen. Zwar wurden die Lebensbedingungen dann im Sommer besser, weil die meisten Häftlinge inzwi-

V1-Raketen im Stollen der berüchtigten Anlagen von »Dora Mittelbau« bei Nordhausen am südlichen Harzrand. Foto aus dem Jahr 1945.

Gasschutzjäckchen für Kleinkinder aus dem Jahr 1942.

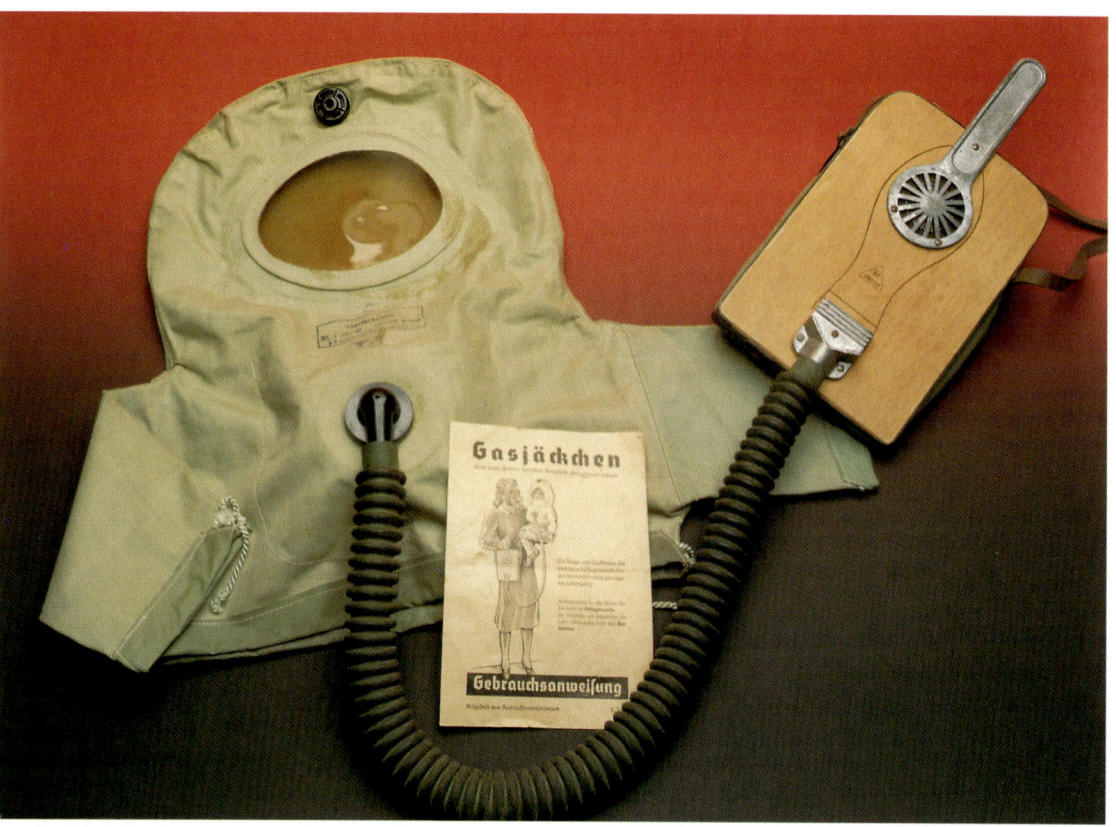

schen nicht mehr im Stollen leben mußten und die Arbeit in der Rüstungsproduktion nicht so entkräftend war wie beim Stollenbau und Stollenausbau. Aber im Winter und Frühjahr 1944/45 entstanden chaotische Verhältnisse im Lagerkomplex, weil in den sowieso schon überbelegten Lagern die Häftlingszahl verdoppelt worden war: Im beginnenden Zusammenbruch evakuierte man die Häftlinge aus den Kampfgebieten ins Innere Deutschlands.

Insgesamt waren über 60 000 Häftlinge in den Lagerkomplex verschleppt worden. Dort starben nachweislich über 12 500 von ihnen. Hinzugerechnet werden müssen noch die mindestens 3500 Toten der Krankentransporte und diejenigen Opfer, die bei der Evakuierung der Masse der Häftlinge nach Bergen-Belsen und in andere Lager seit dem 5. April 1945 ums Leben kamen. Bis zur Befreiung Bergen-Belsens durch die englischen Truppen am 15. April sind nochmals Hunderte gestorben. Selbst nach der Befreiung Bergen-Belsens starb nachweislich nochmals rund ein Viertel der dortigen Gefangenen, weil sie zu entkräftet und krank waren. Die Erlebnisberichte der Überlebenden sind nur mit Erschütterung zu lesen und lassen die deutschen »Wunderwaffen« in einem anderen Licht erscheinen als dem technischer Leistung.

Was bleibt: Heldentum oder Statistik?

Angesichts von Blut, Tod, Verstümmelung und Zerstörung, die der moderne Industriekrieg über Millionen von Menschen brachte, haben die politische und die militärische Führung ebenso wie der einfache Bürger immer wieder versucht, der militärischen Einzelaktion Sinn zu geben. Symbolisiert wird dieses Streben in der Figur des Kriegshelden, in unserem Falle des Fliegerasses.

Der beste Jagdflieger, der den Ersten Weltkrieg überlebte, Ernst Udet, hat sich von Göring für die Luftwaffe wider besseres Wissen einkaufen lassen. Er wurde »des Teufels General«. Doch all seine Kriegserfahrung aus dem ersten großen Industriekrieg hat er nicht in strategische und rüstungswirtschaftliche Maßnahmen umsetzen können, die ein ähnliches Desaster wie 1918 hätten vermeiden helfen. Seine Konsequenz war der Selbstmord, da er sich das Scheitern der Luftschlacht um England auch selber zuschreiben mußte.

Ein anderer Heldentyp war der Jagdflieger Hans Joachim Marseille, der im Afrikafeldzug noch unter Bedingungen kämpfte, die eher denen der Endphase des Ersten Weltkriegs ähnelten als den Erfahrungen auf dem Höhepunkt des Luftkriegs 1943/44. Er konnte lange Zeit der statistischen

Wahrscheinlichkeit ausweichen, nach der jeder Flieger im Krieg nur eine sehr begrenzte Überlebenschance hat. Er hatte noch sein Flugzeug als Waffensystem beherrschen gelernt, bevor er in den Kampf geschickt und nach und nach ein immer besserer und so auch erfolgreicherer Jagdflieger wurde. Doch die Statistik hat auch ihn besiegt. Selbst er ist nicht im Kampf gefallen, sondern bei einem Flug ohne Feindberührung wegen technischen Versagens seiner Maschine umgekommen. Als er aus der Maschine aussteigen mußte, wurde er vom Leitwerk erfaßt und getötet.

Die große Ausnahme scheint der höchstdekorierte Flieger der Luftwaffe des Zweiten Weltkriegs, Hans-Ulrich Rudel, zu sein. 2350 Feindflüge hat er, überwiegend mit seiner Ju 87, dem Stuka, überlebt. Als das Flugzeug im Westen aus dem Kampf gezogen werden mußte, weil es gegen britische Jäger wehrlos war, wurde Rudel an der Ostfront eingesetzt. Mit der veränderten Version wurde er »Schlachtflieger«, Jagdbomber würden wir heute sagen. Er flog in direktem Einsatz gegen feindliche Bodentruppen, wurde eine legendäre Gestalt, flog noch 1945, als man ihm schon ein Bein amputiert hatte. Als Kommandeur des Schlachtfliegergeschwaders Immelmann werden ihm und seinen Mitfliegern allein 500 Panzerabschüsse angerechnet. Beeindruckend! Aber offenbar hat Rudel nie begriffen, wofür, für welches System er diese Leistungen erbrachte, auch nicht in der Nachkriegszeit!

Und die Statistik? 500 Panzer gingen auf Rudels Konto, während des ganzen Rußlandfeldzugs. Allein 1942 und 1943 baute die Sowjetunion jeweils über 24 000. Und von Rudels 1943 neu ausgebildeten Fliegerkameraden hatte kaum einer die Chance, auch nur den dritten Einsatz zu überleben. Nur noch im Einzelfall hatten das persönliche Können, die Umsicht, der Mut und die Tapferkeit eine Chance. Entschieden hat die größere Zahl des besseren Materials, kurz, die Statistik.

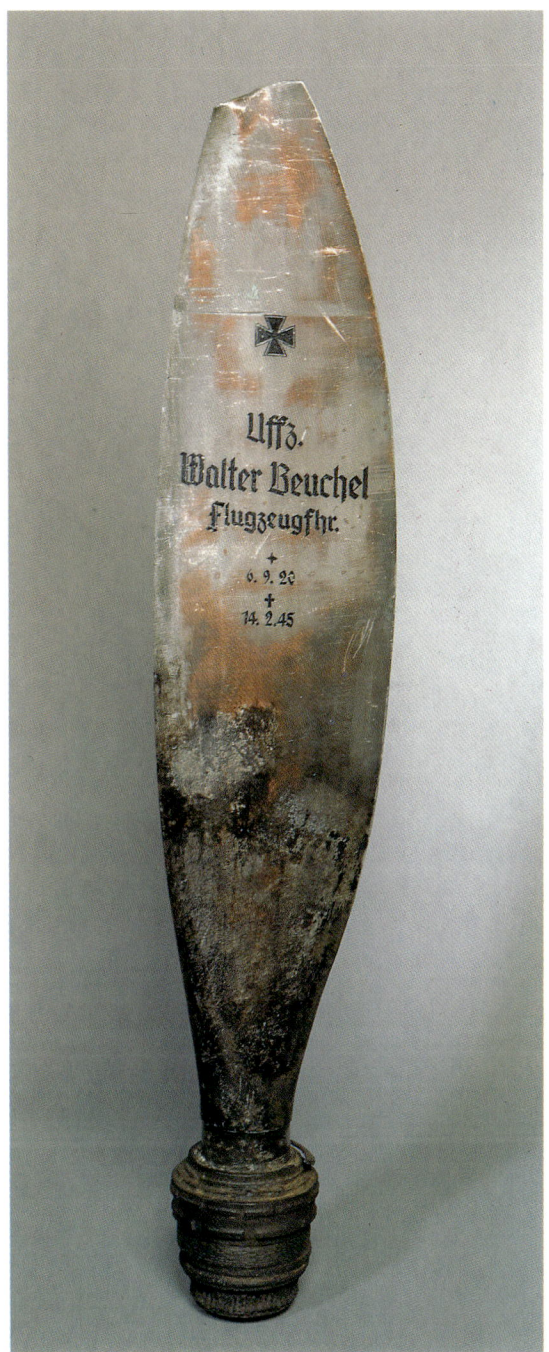

Grabmal für den Jagdflieger Walter Beuchel aus dem Propeller seines abgeschossenen Flugzeugs.

Winfried Ranke

BERLIN AIRLIFT – LUFTBRÜCKE BERLIN

Am 23. Mai 1948 fand in Berlin eine Gedenkfeier aus Anlaß des 100. Geburtstags von Otto Lilienthal statt. Unter denen, die damals Zeit und Interesse aufboten, um sich der Studien über den Segelflug und der kühnen Gleitflüge des Berliner Flugpioniers zu erinnern, wird kaum jemand daran gedacht haben, daß Berlin bald wieder Schauplatz ganz außerordentlicher Flugleistungen werden würde. Und diejenigen, die schon Grund hatten, dergleichen für möglich zu halten, die wußten vielleicht nichts von Otto Lilienthal, sondern erinnerten sich eher an die Gebrüder Wright oder an Charles Lindbergh.

Die Sowjets kontrollieren die Zufahrtswege

Über die Nutzung der Land- und Wasserverbindungen zwischen Berlin und den westlichen Besatzungszonen bestanden keine verbindlichen Abmachungen zwischen den Militärregierungen der vier Besatzungsmächte. Dieser für die Westalliierten mißliche Umstand war der Sowjetischen Militäradministration in Deutschland (SMAD) als Mittel der Politik durchaus willkommen. Um ihr Mißfallen am Verhalten der Westmächte zum Ausdruck zu bringen, hatte sie schon gelegentlich störend in den durch die Sowjetische Besatzungszone führenden Berlin-Verkehr auf Straße und Schiene eingegriffen. Jetzt, als abzusehen war, daß im Westen die Vereinigung der drei Besatzungszonen betrieben wurde und daraus – in Konsequenz – nur ein separates, westlich orientiertes Staatsgebilde entstehen konnte, drehte die SMAD die Schraube der kleinen Repressalien um eine ganze Windung weiter. Vom 1. April 1948 an verlangte sie, daß sich die zwischen den Westzonen und Berlin verkehrenden Personen- und Gütertransporte der Westalliierten einer sowjetischen Kontrolle zu unterziehen hätten.
Der britische Außenminister Ernest Bevin schilderte die neue Situation am 6. April vor dem Londoner Unterhaus: »Es sollte gesagt werden, daß die Absprachen über das Reisen nach und von Berlin nicht besonders deutlich festgelegt sind. Als die Übereinkünfte getroffen wurden, verließ man sich zu einem guten Teil auf das zwischen den Alliierten bestehende Vertrauen, und

bis zu den jüngsten Ereignissen verlief der Reiseverkehr auch ziemlich zufriedenstellend. Auf den Straßen wiesen britische Reisende ihre Personaldokumente vor. Von Reisenden in Militärzügen wurde dies nicht verlangt, da die Züge von den britischen Militärbehörden bereitgestellt wurden und unter deren ausschließlicher Kontrolle standen. Die neue Schwierigkeit resultiert aus dem sowjetischen Verlangen, daß es sowjetischem Militärpersonal gestattet sein müsse, die Züge zu betreten und die Dokumente der Passagiere zu kontrollieren.«
Mit dieser neuen Schwierigkeit mochten sich die Westalliierten, besonders die Amerikaner und Briten, nicht abfinden. Sowjetischen Soldaten eine derart weitgehende Kontrolle der eigenen Verkehrsmittel und Transportpapiere zu gestatten, wäre dem Zugeständnis gleichgekommen, in der Hauptstadt des besiegten Kriegsgegners nur ein Gastrecht wahrzunehmen. Man mußte sich also zur Wehr setzen, durfte aber auch nicht zu laut mit dem Säbel rasseln, weil man weder in Washington noch in London – und schon gar nicht in Paris! – bereit war, wegen Berlin einen Krieg zu riskieren. Deshalb wurde auch ein Vorschlag, den General Lucius D. Clay, US-Militärgouverneur und Oberbefehlshaber der US-Streitkräfte in Europa, seiner Regierung übermittelte, als zu riskant verworfen.

An der Schwelle eines Weltkriegs

Clay und sein Berater Robert Murphy hielten die sowjetischen Hinweise auf reparaturbedürftige Straßen und baufällige Brücken für Vorwände, die man an Ort und Stelle widerlegen müsse; und beide glaubten nicht, daß sich die Rote Armee durch solcherart entschlossenes Vorgehen zu kriegerischen Gegenmaßnahmen würde verleiten lassen. Sie hielten es daher für möglich und angebracht, einen bewaffneten Fahrzeugkonvoi, zu dem auch eine mit Straßen- und Brückenbaumaterial ausgerüstete Pioniereinheit gehören sollte, über die Autobahn von Helmstedt nach Berlin zu schicken. Die Verantwortung für einen derart militanten Gegenzug mochte jedoch in Washington und London niemand über-

Links:
Auf einem Schuttberg beobachten Berliner den Landeanflug einer C-54 Skymaster, Sommer 1948.

nehmen. Auch ein amerikanischer Militärzug mit bewaffneter Wachmannschaft, der von den Sowjets mittels elektrischer Weichenstellung auf ein Abstellgleis irgendwo in der Zone rangiert worden war, kehrte nach einiger Zeit hilflosen Wartens wieder nach Berlin zurück.

Gleichwohl war allen klar, daß eine Auseinandersetzung bevorstand, die dicht unterhalb der Schwelle eines neuen Weltkriegs geführt werden mußte. Daß die allgemeine politische Entwicklung zwischen den Machtblöcken dahin tendierte, war schon absehbar, nachdem der Rat der Außenminister seine turnusmäßige Sitzung in London nach dreiwöchiger, ergebnisloser Debatte am 15. Dezember 1947 auf unbestimmte Zeit vertagt hatte. General Clay wertete diese Entscheidung später so: »Sicherlich sah jeder von uns, der in London mit dabei war, daß mit dieser Vertagung des Rates ein Kampf begonnen hatte, der zwar nicht mit Waffen, wohl aber mit wirtschaftlichen Mitteln, mit Ideen und Idealen ausgetragen werden mußte. Es war ein Kampf, in dem wir nicht nach territorialem Gewinn strebten, jedoch entschlossen waren, der anderen Seite die Möglichkeit zu nehmen, dadurch weiter an Boden zu gewinnen, daß sie die Widerstandskraft durch Einschüchterungen lähmte und die Meinung von Völkern, die nicht die Macht hat-

ten, sich zu widersetzen, durch entstellte Nachrichten beeinflußte. Wir konnten nur mit einiger Sicherheit hoffen, daß er nicht zu Anwendung kriegerischer Gewalt führen werde. Wie lange er dauern und welche Wendung er nehmen würde, wußten wir nicht.«

Die Berliner erlebten die Ereignisse des Frühjahrs 1948 als besorgniserregend und bedrohlich. Die Journalistin Ruth Andreas-Friedrich notierte in ihrem Tagebuch zum 31. März: »An der Zonengrenze scheint sich Aufregendes vorzubereiten. Man munkelt von Stacheldrahtverhauen, von Truppenzusammenziehungen und verstärktem Polizeiaufgebot. Der Schwarztransport einer Zweizimmerwohnung nach dem Westen kostet zwanzigtausend Mark. Save our Souls, funken Millionen Berliner Seufzer durch den Äther.« Und am 2. April fügte sie hinzu: »Aus dem Grenzgebiet überstürzen sich die Nachrichten. ›Einsatz starker Polizei- und Militärpolizeieinheiten im Abschnitt Helmstedt [...] die beiden fahrplanmäßigen amerikanischen Dienstzüge in Marienborn aufgehalten [...] die englischen Dienstzüge nicht durchgelassen [...] siebenundsechzig Reisende des französischen Dienstzuges von russischen Beamten an der Weiterfahrt gehindert.‹ – Am Brandenburger Tor und anderen Übergangsstellen vom russischen zu den westlichen Sekto-

Flughafen Berlin Tempelhof am 12. Dezember 1948: Die Anflugschneise zu dem mitten in der Stadt liegenden Flugplatz führte über einen Friedhof. Zwischen den Grabsteinen stehen die aus Lochblechplatten zusammengeschweißten Pfosten der Landebahnbefeuerung.

Flughafen Berlin-Tempelhof im Sommer 1948: Eine Douglas C-74 Globemaster, die auf kurzen Strecken rund 19 t Zuladung transportieren konnte, im Landeanflug.

Flughafen Berlin-Tempelhof im Sommer 1948: Während des Flugbetriebs der Luftbrücke wurde eine 1500 m lange Start- und Landebahn gebaut; sie wurde am 18. September, dem »Tag der amerikanischen Luftstreitkräfte«, offiziell eingeweiht.

ren stehen sowjetische Soldaten oder deutsche Polizisten und stoppen jedes Fahrzeug, das die Sektorengrenze überquert. Die Stadt fiebert vor Unruhe. Noch nie lag der Krieg so greifbar in der Luft.«

Dabei hatte es in den ersten Monaten des Jahres 1948 trotz aller Störungen der Militärtransporte für die Berliner doch auch Hinweise gegeben, daß sich der Verkehr zwischen ihrer Stadt und den vier Besatzungszonen erträglich regulieren ließ.

Am 21. Januar waren die ersten »Interzonenreisemarken« ausgegeben worden, mit denen Reisende auch unterwegs Lebensmittel einkaufen konnten. Am 2. März hatte der Berliner Magistrat eine Delegation der Stadt Frankfurt am Main empfangen. Oberbürgermeister Walter Kolb und Begleitung waren mit einer Maschine der American Overseas Airlines von Frankfurt eingeflogen, dem ersten Flugzeug, das deutsche Zivilpassagiere gegen Bezahlung nach Berlin transportierte. Am 11. März schließlich wurde auf der Strecke Hof – Leipzig – Berlin der Autobusverkehr zwischen Berlin und der Amerikanischen Besatzungszone aufgenommen.

Die »kleine Luftbrücke«

Aber nachdem am 20. März Marschall Wassilij Danilowitsch Sokolowskij die von ihm geleitete Sitzung des Alliierten Kontrollrats abgebrochen

und ohne neuen Termin vertagt hatte, bestand wenig Hoffnung, daß sich der Reiseverkehr weiter verbessern würde. Wieder einmal schlug die Stunde der Militärs. Diesmal waren vor allem die Nachschubstrategen und Transportspezialisten gefragt. In amerikanischen und englischen Stäben begann man darüber nachzudenken, ob und wie eine Stadt wie Berlin sich aus der Luft versorgen ließe. Eine erste Probe aufs Exempel wurde von General Clay am 2. April gefordert. Nachdem mehrere Militärgüterzüge nach Berlin an

Bildlegenden siehe Seite 112

der Durchfahrt gehindert worden waren und die amerikanische Garnison einen Ausfall von rund 600 Tonnen Versorgungsgütern registrieren mußte, befahl Clay einen Sondereinsatz sämtlicher auf der Rhein-Main-Airbase in Frankfurt stationierten Transportflugzeuge.

Die zweimotorigen C-47 Transportmaschinen der US Air Force, die mit rund zweieinhalb Tonnen Zuladung fliegen konnten, sollten innerhalb von 24 Stunden in 30 Einsätzen 60 Tonnen der nötigsten Güter einfliegen. Das bedeutete für das in Frankfurt stationierte Truppentransport-Kommando eine erhebliche Herausforderung, denn von seinen 36 Flugzeugen waren nur 24 unmittelbar einsatzbereit. Dennoch gelang es, die befohlene Transportleistung zu erbringen. Insgesamt wurden in der Zeit vom 2. bis 4. April über

die sogenannte »kleine Luftbrücke« etwa 200 Tonnen Luftfracht nach Berlin geschafft. In den Wochen danach wurden die Flugeinsätze wieder etwas reduziert, doch im Vergleich zur Zeit vor dem 1. April weiterhin verstärkt beibehalten.

Auch die Briten begannen in jenen Tagen mit verstärkten Lufttransporten zur Versorgung ihrer Berliner Garnison. Die häufigen, auch nachts durchgeführten Flugeinsätze in den Korridoren erregten natürlich Argwohn und Mißfallen bei den Sowjets. Beschwerden über die Mißachtung der vereinbarten Flugregeln und Kontrollrechte, Protestnoten und deren Zurückweisungen häuften sich. Spannungen und Notenwechsel nahmen erheblich zu, als am 5. April 1948 ein sowjetisches Yak-3 Jagdflugzeug eine planmäßige britische Passagiermaschine beim Landeanflug auf den Flugplatz Berlin-Gatow behinderte. Der provozierte Zusammenstoß führte zum Absturz beider Maschinen, wobei alle Insassen ums Leben kamen.

Für die Benutzung der Luftkorridore zwischen Berlin und den westlichen Besatzungszonen konnten sich die Westalliierten allerdings auf verbindliche Vereinbarungen berufen. Deshalb waren sie auch entschlossen, ihre Rechte voll auszuschöpfen. Ein im November 1945 abgeschlossenes Viermächteabkommen sah drei Luftkorridore von jeweils 32 Kilometern Breite und 3048 Metern (= 10 000 ft) Höhe über Grund vor; der nördliche Korridor nach Hamburg führte über 153 Kilometer, der mittlere nach Hannover über 188 Kilometer und der südliche nach Frankfurt am Main über 347 Kilometer sowjetisch besetztes Gebiet. Über Berlin mündeten die Korridore in eine Kreis-Zone von 32 Kilometern Radius, deren Mittelpunkt das Berliner Kontrollratsgebäude bildete; dort standen den an- und abfliegenden Maschinen die im amerikanischen und britischen Sektor installierten Start- und Landehilfen zur Verfügung, während es innerhalb der Korridore selbst keine über Funk oder Radar gesteuerten Navigationshilfen gab.

Die Stunde des Militärs

In den Regierungen aller drei westlichen Besatzungsmächte setzte sich allmählich immer deutlicher die Ansicht durch, daß man die Stellung in Berlin jetzt nicht preisgeben dürfe. Der Ansehensverlust jener Staaten, die dem Modell eines sozialistischen Zwangskollektivs eine liberale Gesellschafts- und Wirtschaftsverfassung entgegensetzten, wäre zu groß gewesen. Unterschiedlicher Auffassung war man jedoch – zumindest in den

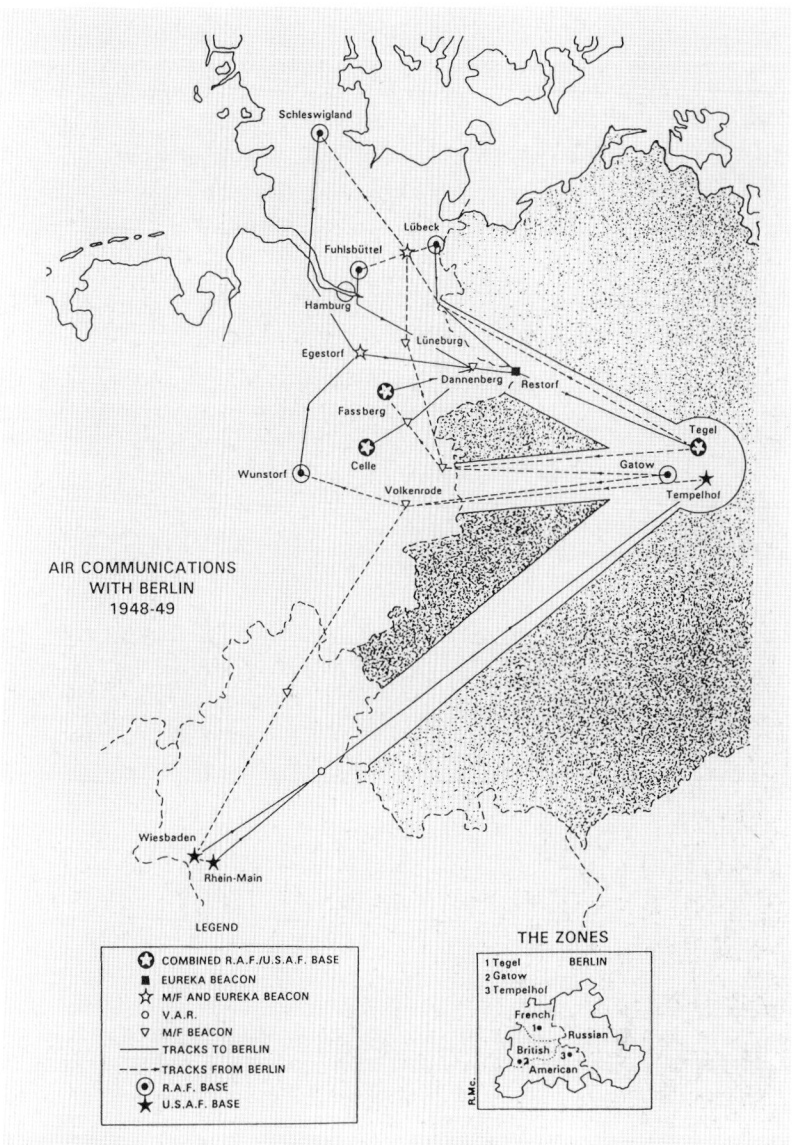

AIR COMMUNICATIONS
WITH BERLIN
1948-49

LEGEND

✪ COMBINED R.A.F./U.S.A.F. BASE
■ EUREKA BEACON
☆ M/F AND EUREKA BEACON
○ V.A.R.
▽ M/F BEACON
—— TRACKS TO BERLIN
----→ TRACKS FROM BERLIN
◉ R.A.F. BASE
★ U.S.A.F. BASE

THE ZONES

BERLIN
1 Tegel
2 Gatow
3 Tempelhof
French
British
American
Russian

militärischen Planungsstäben – zunächst noch darüber, auf welche Weise die Stadt denn überhaupt gegen eine drohende Blockade gehalten werden könne. General Clay und einige seiner Berater hielten es einstweilen für unerläßlich, eine Nachschubverbindung zu Lande offenzuhalten, da es ihnen nicht möglich schien, den Überlebensbedarf von rund 2,1 Millionen Menschen allein durch Lufttransporte zu gewährleisten – von der Babynahrung bis zum Sargnagel, vom Zeitungspapier bis zu Fensterglas, Dachziegeln und Kraftwerkskohle.

Die Strategen und Logistiker unter den Militärs befanden sich in einer Zwickmühle. Nach dem Ende des Zweiten Weltkriegs hatte man im Westen die Truppenstärken und den Ausrüstungsstand der Streitkräfte schnell und drastisch reduziert. So konnte man der in Europa stationierten Streitmacht der Roten Armee einstweilen keine annähernd gleichstarken und gleichgerüsteten Kräfte entgegenstellen. Andererseits hatten sowohl die Amerikaner wie die Briten während des Kriegs gegen die Japaner in zwei großen Lufttransport-Operationen Erfahrungen sammeln können. US-Truppen, die zur Unterstützung Tschiang Kai-Scheks nach China entsandt waren, wurden seit 1942 von Indien aus über den Himalaya mit Nachschub versorgt, und die Briten, die 1944 in Burma kämpften, waren ebenso auf umfangreiche Versorgung aus der Luft angewiesen. Den Luftwaffenstäben beider Staaten war daher bekannt, was an Planungs-, Bodentransport-, Flug- und Servicekapazität erforderlich war, um mehr als eine Million Tonnen Transportgüter

über weite Strecken zu bewegen. Vor allem in der US Air Force gab es daher Kommandeure, die voraussahen – und befürchteten! –, daß schon eine Minimalversorgung Berlins aus der Luft es unumgänglich machen würde, Fluggerät, Navigationshilfen und Ersatzteile von den Stützpunkten in aller Welt zusammenzuziehen.

Da jedoch für Lufttransporte die Rechtslage eindeutiger war und somit das Kriegsrisiko geringer schien, entschied man sich dennoch für den Versuch, die Westsektoren Berlins aus der Luft zu versorgen. Daß es zu dieser Entscheidung kam, war keineswegs allein – wie es vielfach dargestellt wird – den Amerikanern zu verdanken. Die Briten konnten zwar niemals eine ähnlich große Transportkapazität bereitstellen wie die USA, doch setzten sich ihr Außenminister Ernest Be-

*Bildlegenden
siehe Seite 113*

Seite 112:
Flughafen Berlin-Tempelhof im September 1948: viermotorige C-54 Skymaster der USAF in der Abfertigungsschlange.

Seite 110, v.o.n.u.:

Flughafen Berlin-Tempelhof am 14. Dezember 1948: ein Fairchild C-82-Großraumtransporter der USAF ist infolge eines Reifenschadens von der Piste abgekommen; die miteinander verhakten Lochblechplatten der Landebahn waren für die Bereifung der vollbeladenen Flugzeuge immer gefährlich.

Berlin am 25. Juli 1948: Bei schlechtem Flugwetter kam es zu einem der ersten schweren Unfälle. Eine amerikanische C-47 stürzte beim Blindanflug auf Tempelhof ab und zerschellte an einem Wohnhaus in der Handjerystraße in Friedenau; beide Piloten kamen dabei ums Leben.

vin und ihr Militärgouverneur General Sir Brian Robertson ebenso entschlossen und zielstrebig für den Fortbestand ihrer Garnison in Berlin und für das Überleben der Berliner ein. Der eigentliche Anlaß dazu ergab sich für alle aus der Währungsreform in den Westzonen, deren Geltung durch eine Anordnung der drei westlichen Militärgouverneure mit dem 25. Juni 1948 auch auf die Westsektoren Berlins ausgedehnt wurde. Die SMAD reagierte darauf schon einen Tag zuvor mit der Verhängung einer totalen Blockade gegenüber dem Fremdwährungsgebiet innerhalb ihrer Zone. Dem mußte etwas entgegengesetzt werden.

The Berlin Airlift

Gemeinhin läßt man die eigentliche Berliner Luftbrücke mit einem Telefonat beginnen, das General Clay am Vormittag des 24. Juni mit dem Air-Force-Kommandeur General Curtis LeMay in Wiesbaden führte. Der glaubte zunächst, die Fernsprechverbindung sei gestört, weil er beantworten sollte, ob er mit seinen Flugzeugen eventuell auch Kohle transportieren könne. Als der ihm vorgesetzte Gesprächspartner jedoch auf einer Antwort bestand, sagte er schließlich: »Die Air Force kann alles transportieren!« Clay war's zufrieden und gab Befehl, alle in Europa verfüg-

baren Transportmaschinen nur noch für Berlin-Flüge einzusetzen. Damit war »the Berlin Airlift« oder »Operation Vittles« gestartet – der erste Showdown im Kalten Krieg, wie später ein amerikanischer Autor feststellte.

Soweit es Entschlüsse und Befehle anging, waren die Briten den Amerikanern sogar voraus. Schon am 19. Juni war in der RAF die »Operation Knicker« angeordnet worden, die vorsah, für zunächst einen Monat täglich ca. 6 Tonnen Luftfracht zur Versorgung der britischen Garnison nach Berlin zu fliegen. Mit ihren Dakotas, wie die bei der RAF eingesetzte Version der Douglas C-47 genannt wurde, waren dazu 24 Flüge am Tag erforderlich. Die konnten allerdings von der einzigen, derzeit in Deutschland stationierten Transport-Schwadron der RAF nicht bewältigt werden. Das wurde erst möglich, nachdem seit dem 25. Juni weitere Flugzeuge mit ihren Crews von Stützpunkten in England in die Britische Besatzungszone verlegt worden waren.

Am 26. Juni landeten in Berlin die ersten Transportmaschinen der Luftbrücke, vorerst noch mit Versorgungsgütern für die Garnisonen der Besatzungsmächte beladen. Eingesetzt waren nur zweimotorige C-47. Die der US Air Force flogen am ersten Tag 80 Tonnen Ladung nach Tempelhof, die der RAF 13 Tonnen nach Gatow. Das Tempo der Startfolge und die Transportleistung

Flughafen Berlin-Gatow im Sommer 1948: eine viermotorige Avro York der RAF im Landeanflug.

wurden jedoch schnell gesteigert. General LeMay holte jeden Schreibtischsoldaten mit Flugerfahrung wieder ins Cockpit und beorderte jede flugfähige Transportmaschine zum Berlin-Einsatz auf die Militärflugplätze in Frankfurt und Wiesbaden; die Briten warteten in Wunstorf, westlich von Hannover, auf Verstärkung und begannen schon mit Einsätzen rund um die Uhr. Am 28. Juni schafften die Amerikaner 100 Starts mit insgesamt 384 Tonnen Ladung; die Briten flogen mit nur dreizehn einsatzfähigen Dakotas immerhin 44 Tonnen ein. Zusammen brachte man es bis zum Ende des Monats auf 500 Flüge mit 1273,6 Tonnen transportierter Fracht.

Für die in Berlin stationierten Soldaten der Westmächte und deren Angehörige mochte mit dieser Transportleistung der allernötigste Bedarf gedeckt worden sein, für den Unterhalt von 2,1 Millionen Berlinern in den Westsektoren bedeutete sie nicht einmal den berühmten Tropfen auf den heißen Stein. Daraus ergab sich vorerst aber noch keine dramatische Situation, weil man auf Drängen des amerikanischen Stadtkommandanten Oberst Frank Howley schon im März des Jahres begonnen hatte, Vorratslager in den Westsektoren anzulegen und einen Grundbedarf für die Bevölkerung zu ermitteln. Deshalb konnte Howley auch am 24. Juni bekanntgeben, die Westsektoren Berlins seien noch für 30 Tage ausreichend

mit Lebensmitteln versorgt. Nach General Clays Erinnerungen reichten die Lebensmittelvorräte für 36 und die Kohlevorräte für 45 Tage. Für das, was Bevölkerung und Militär in den drei Westsektoren Tag für Tag unbedingt brauchten, hatte der Militärgouverneur folgende Daten ermitteln lassen: »Der Minimalbedarf konnte mit einer durchschnittlichen Tages-Transportleistung von 4000 Tonnen für die deutsche Bevölkerung und 500 Tonnen für die Alliierten auf dem Luftwege gedeckt werden. Die Industrieproduktion war damit nicht aufrechtzuerhalten.« – Mindestens 4500 Tonnen täglich auf dem Luftweg: Da mußte noch einiges geschehen!

Alle vier Minuten startet eine Maschine

Schon in den letzten Junitagen begannen sich Umfang und Charakter der Luftbrücke zu verändern. Zunächst als provisorisch und temporär angesehene Einsatzkonzepte wurden umgeworfen oder ausgeweitet. Da die Franzosen bedauernd erklärt hatten, daß ihre gesamte Lufttransportkapazität in Indochina gebunden sei, begann man sich in Washington und London darüber klar zu werden, daß fortan, sofern Berlin gehalten werden sollte, die Fürsorge für den Lebensunterhalt und die Durchhaltemoral der Berliner weitgehend auf amerikanischen und britischen

Seite 111, v.l.n.r.:

Flughafen Berlin-Gatow am 28. Oktober 1948: Unterrichtung eines RAF-Piloten über den Entlade-Parkbereich des Flugplatzes.

Deutschlandkarte mit den Luftkorridoren durch die Sowjetische Besatzungszone und den während der Luftbrücke benutzten Flugplätzen. Aus: Robert Jackson, The Berlin Airlift, Wellingborough 1988.

Schultern – oder Flügeln! – lasten würde. General Clay bemühte sich, vom 28. Juni an maximale Transportleistungen zu erreichen und forderte ständig neue Maschinen an. Vor allem versprach er sich Leistungssteigerungen von den größeren und schnelleren C-54 Skymasters. Die aus der Douglas DC-4 entwickelte viermotorige Militärversion war seit 1942 im Einsatz. Sie konnte mit gut 14 Tonnen Zuladung große Strecken bewältigen und wurde vor allem für Überseetransporte genutzt. Nun wurden C-54-Staffeln aus Alaska, Texas und Hawaii nach Deutschland verlegt. Die ersten Maschinen trafen am 30. Juni in Frankfurt und Wiesbaden ein. Zusammen mit der C-47-Flotte, die inzwischen im Rund-um-die-Uhr-Service flog, erreichte die »Operation Vittles« nach drei Wochen eine Tagesleistung von 1500 Tonnen. »Der Spiegel« zitierte schon am 3. Juli die Männer vom Kontrollturm auf der Rhein-Main-

Airbase: »Wir werden bald alle vier Minuten eine Maschine starten lassen. Das ist öfter als die Frankfurter Straßenbahn, die fährt nur alle zwanzig Minuten.«

In Wunstorf ging es ebenfalls turbulent zu. Das britische Kabinett hatte am 28. Juni beschlossen, die Operation »Carter Paterson« zu starten, die nun der Versorgung von Garnison und Bevölkerung in Berlin dienen sollte. Da »Fuhrmann Paterson« der Name eines bekannten Londoner Abbruchunternehmens war, begann die östliche Propaganda bald zu höhnen, die Luftbrücke sei offenbar ein Unternehmen auf Abbruch, weshalb die Briten dann die Codebezeichnung »Operation Plainfare« benutzten. Durch deren erweitertes Programm, das 160 Starts pro Tag vorsah, wurde die »Operation Knicker« schon am 30. Juni abgelöst. In der Anfangsphase wurden so viele Flüge wegen schlechter Wetterbedingungen nicht erreicht. In einer zweiten, vom 4. bis 19. Juli dauernden Phase konnte mit Hilfe der inzwischen eingetroffenen viermotorigen Avro Yorks die Transportleistung jedoch schon erheblich gesteigert werden – von 474 Tonnen am 6. Juli auf 995 Tonnen am 18. Juli.

Die in Wunstorf stationierten Dakotas starteten anfangs in Intervallen von 6 Minuten am Tag und 15 Minuten in der Nacht; kürzere Intervalle waren nicht möglich, weil die Verladeteams dann nicht mehr nachkamen. Als am 12. Juli die ersten zwölf Avro Yorks aus England eintrafen, vergrößerte sich zwar die Ladekapazität erheblich, doch es entstand auch ein neues Problem. Da die Maschinen schneller fliegen konnten als die Dakotas, wurde ihnen eine andere Flughöhe innerhalb der Korridore zugewiesen. Gleichwohl bestand bei den Starts wie den Landeanflügen erhebliche Kollisionsgefahr. Der ehemalige Wehrmachtsflugplatz Wunstorf besaß zwar zwei Betonrollbahnen, doch waren diese zusammen mit den vorhandenen Park- und Ladeflächen bald schon überlastet, zumal die schweren Yorks sowohl auf der holprigen Rollbahn wie auf den unbefestigten Rollwegen Probleme hatten.

Aus den Tagebucheinträgen eines Group-Captains der RAF läßt sich ersehen, wieviele Anfangsschwierigkeiten zu überwinden waren: »1. Juli: Um einiges hinter Plan, hauptsächlich wegen Verladeproblemen. [...] Die Treibstoff- und Tankabteilung ist völlig überarbeitet und durcheinander. [...] In dem gegenwärtigen Gedränge auf dem Platz werden die ›Yorks‹ schwer zu handhaben sein. Die Nachfülleinrichtungen für Öl und Treibstoff reichen nicht aus. [...] 5. Juli: Ein Teil der Parkflächen für die ›Dakotas‹ ist böse umgepflügt – konnte veranlassen, daß sie mit Lochblechen abgedeckt werden. [...] 7. Juli: Der Kommandeur der technischen Dienste sagt, Zehn-Minuten-Intervalle zwischen den Starts seien bei derzeitiger Personalstärke nicht einzuhalten. Die Schwierigkeiten liegen beim Bewegen der Maschinen am Boden und beim Auftanken.«

Daß es bei den Amerikanern nicht viel anders zuging, bestätigt General William H. Tunner, der 1943 »the great Hump« über die Himalaya organisiert und seit dem 28. Juli 1948 den Oberbefehl über die Luftbrückenoperationen der US Air Force übernommen hatte. In seinen Erinnerungen berichtet er, was er in Deutschland vorfand: »Der erste Gesamteindruck bestätigte nur meine Vorahnungen – eine richtige Cowboy-Operation! Kaum jemand wußte, was er anderntags tun würde. Weder das fliegende noch das Bodenpersonal hatte eine Ahnung, wie lange man sich hier aufhalten würde, oder kannte Pläne, nach denen man sich zu richten hatte. Alles war improvisiert. Ich besuchte den Stützpunkt Wiesba-

den, sah mich um und stieg in eine Maschine nach Berlin. Durcheinander überall.«

Wie nach seiner Auffassung eine »Operation Airlift« zu funktionieren hatte, teilte er an gleicher Stelle mit: »Die praktische und erfolgreiche ›Operation Luftbrücke‹ hat etwa so viel Glanz wie ein Wassertropfen auf einem stumpfen Stein. Es gibt da keine Begeisterung und keine Panik, es gibt nur die Unerbittlichkeit der Arbeit, die zu tun ist. Bei einer funktionierenden Luftbrücke sieht man die Flugzeuge nicht haufenweise auf dem Flugfeld herumstehen. Entweder sind sie in der Luft oder an den Verladerampen. Die Besatzungen fliegen oder sie erholen sich für ihren nächsten Einsatz. [...] Für den, der eine Luftbrücke leitet, entsteht wahre Spannung, wenn er die Linien von einem Dutzend Diagrammen beobachtet, solche, die stetig ansteigen – für gelieferte Tonnage oder Ausnutzung des Fluggeräts – oder solche, die in steil abfallender Kurve Unfälle und Verletzungen registrieren. Eben darin liegt der Reiz des Lufttransports.«

Seite 114, v.o.n.u.:

Flughafen Berlin-Gatow im Sommer 1948: Entladen einer viermotorigen Avro York der RAF.

Flughafen Berlin-Gatow im Mai 1949: Eine Lancastrian, die Transportversion des britischen Lancaster-Bombers, von der Fluggesellschaft Flight Refuelling Ltd, die mit ihren Tankflugzeugen seit dem 27. Juli 1948 einen großen Teil der Treibstofftransporte übernommen hatte.

Berlin im August 1948: Sunderland-Flugboote auf der Havel bei Schwanenwerder.

Flughafen Berlin-Tempelhof im Winter 1948/49: eben eingetroffene und schon entladene Skymasters auf dem nebligen Vorfeld.

Die Luftbrücke funktioniert wie ein Uhrwerk

Um möglichst nahe an das von Tunner gewünschte Niveau von Regelmäßigkeit, Sicherheit und Dauerleistung heranzukommen, mußten die Alliierten vor allem die Mängel beseitigen, die er als »alte Schreckgespenster« fürchtete: eine unklare Kommandostruktur mit geteilten Zuständigkeiten sowie Spannungen zwischen älteren, strategieerfahrenen Offizieren und jungen, draufgängerischen Praktikern. Effektive Lösungen dafür ließen sich nur durch ein vereinheitlichtes Kommando und ein strenges, für alle geltendes Flugreglement erreichen. Am 15. Oktober wurde in Wiesbaden eine für RAF und USAF gemeinsam zuständige Kommandozentrale eingerichtet, die Combined Airlift Task Force (CALTF); Chef wurde General Tunner, sein Stellvertreter der britische Air Commodore J. W. F. Merer. CALTF setzte durch, daß einige der längst bestehenden Flugregeln zum verbindlichen Reglement für alle Luftbrückenflüge wurden:

1. Alle Piloten hatten einen Drei-Minuten-Abstand auf die vorausfliegende Maschine einzuhalten, auch dann, wenn der aktuelle Flugbetrieb größere Abstände zuließ. Damit wurde erreicht, daß die Piloten immer unter den Bedingungen einer maximalen Auslastung der Luftbrücke fliegen mußten. Das bedeutete für den US-Flughafen Tempelhof, der bald fast ausschließlich von Skymasters angeflogen wurde, daß bei Höchstbetrieb Landungen und Starts in Abständen von jeweils 90 Sekunden möglich waren. Auf dem RAF-Flughafen Gatow, wo Maschinen von unterschiedlicher Größe und Fluggeschwindigkeit landeten, betrug das regelrechte Intervall zwei Minuten.

2. Alle Piloten, die ihre Maschine beim ersten Landeanflug nicht herunterbrachten, durften sich nicht wieder in die Kette der anfliegenden Maschinen einfädeln, sondern mußten mit ihrer Ladung unverzüglich den Heimflug antreten.

3. Alle Piloten mußten bei jeder Wetterlage nach dem Instrumenten-Leitsystem fliegen, damit je-

des landende und startende Flugzeug von der Radar- und Bodenkontrolle unter gleichen Bedingungen geführt und überwacht werden konnte.

Als die Luftbrücke wie ein Uhrwerk funktionierte, flogen die amerikanischen Skymasters in Blöcken, die in jeweils sechsstündigen Intervallen von Frankfurt und Wiesbaden aus starteten. Bis Fulda konnten die Piloten sich an festinstallierten Funkbaken orientieren; sobald sie in den 347 Kilometer langen Südkorridor eingeflogen waren, mußte die Crew warten, bis sie das Peilsignal der Funkbake in Berlin-Wannsee hörte und sich der Radiokompaß darauf einrichtete. Die in Drei-Minuten-Abständen gestarteten Maschinen flogen auf fünf verschiedenen Höhenebenen, so daß jede Maschine von der ihr auf gleicher Ebene vorausfliegenden 15 Minuten entfernt war. Bei stets gleichbleibender Fluggeschwindigkeit von 270 Kilometern pro Stunde und einem Abstand zwischen den aufeinanderfolgenden Maschinen von 13,5 Kilometern waren dann auf der ca. 440 Kilometer langen Gesamtstrecke zwischen Frankfurt und Berlin 32 Maschinen in der Luft. Und sie hatten unterwegs die vorgegebenen Flugdaten exakt einzuhalten, damit sie genau in den Abständen über Berlin eintrafen, wie sie von der Anflugkontrolle erwartet wurden.

Die unter dem Kommando der RAF fliegenden Piloten hatten noch größere Probleme, da ihre Flugleitung es mit vielen Flugzeugen von unterschiedlicher Ladefähigkeit und Fluggeschwindigkeit zu tun hatte. Bei den Briten waren durchschnittlich 50 zweimotorige Dakotas und 40 viermotorige Avro Yorks im Einsatz. Bis in den Dezember 1948, als die Gefahr des Eisgangs auf der Havel zu groß wurde, flogen zudem von der Elbe bei Finkenwerder aus zehn Sunderland-Flugboote und seit November 1948 auch noch 16 viermotorige Hastings C.MK 2. Hinzu kamen noch Spezialtransporter – etwa die Lancastrian-Tankflugzeuge der Flight Refuelling Ltd. – und andere Fracht- und Passagiermaschinen privater Fluggesellschaften, die für den Luftbrückenbetrieb gechartert wurden. Darüber hinaus wurden schon im August 1948 Skymasters der USAF auf Flugplätze in der Britischen Besatzungszone verlegt, um sich von dort aus an den Kohletransporten des »British Coal-Lift« zu beteiligen.

Diese Flugzeuge waren je nach Zugehörigkeit, Leistungsvermögen und Transportfunktion auf die Flugplätze Wunstorf, Celle, Fassberg, Hamburg-Fuhlsbüttel, Lübeck und Schleswigland verteilt. Für den Hinflug mußten sie sich alle über Dannenberg in den Nordkorridor einfädeln.

Darin waren drei Ebenen oberhalb 3000 Fuß den Maschinen vorbehalten, die Gatow anflogen: den Dakotas von Lübeck und Fuhlsbüttel war die größte Flughöhe zugewiesen, darunter flogen die in Celle gestarteten Skymasters und noch etwas tiefer die Yorks, Lancastrians und Tudors aus Wunstorf. Auf 2000 Fuß Höhe flogen Skymasters von Fassberg und auf 1500 Fuß Hastings und Haltons von Schleswigland nach Tegel. Auf nur 1000 Fuß Höhe – das Bodenprofil im Nordkorridor war ja sehr flach – flogen einige Maschinen zu dem sehr nördlich gelegenen Flugplatz Schleswigland zurück. Alle anderen Flugzeuge, die im Süd- oder Nordkorridor nach Berlin eingeflogen waren, mußten für den Rückflug den mittleren Korridor benutzen. Darin hatten sie natürlich auch wieder auf zugewiesenen Ebenen zu fliegen, weil sonst das Gedränge lebensgefährlich geworden wäre. Bei Hochbetrieb lagen die Flugbewegungen in Tempelhof 90 und in Gatow manchmal nur 62 Sekunden auseinander. Und als seit dem 5. November 1948 auch in Tegel gelandet und gestartet wurde, nahm die Rückflugdichte noch zu.

Der harte Job der Flugzeugbesatzungen

Verständlich, daß die Flugzeugbesatzungen, die oft drei Runden in einer Schicht flogen, ihren harten Job nicht immer mit Begeisterung taten. Der englische Journalist Wilfred Burchett, der gut drei Jahre als Korrespondent in Berlin verbrachte, erzählt von einem Flug mit einer Skymasters nach Frankfurt: »›Start alle drei Minuten‹, brüllte Mac durch den Lärm der warmlau-

Flughafen Berlin-Tegel im Herbst 1949: Berliner Frauen und Männer im Blockade-Einsatz für den Flugplatz Tegel, der auch mit unterirdischen Entladeeinrichtungen für Treibstoffe ausgerüstet wurde.

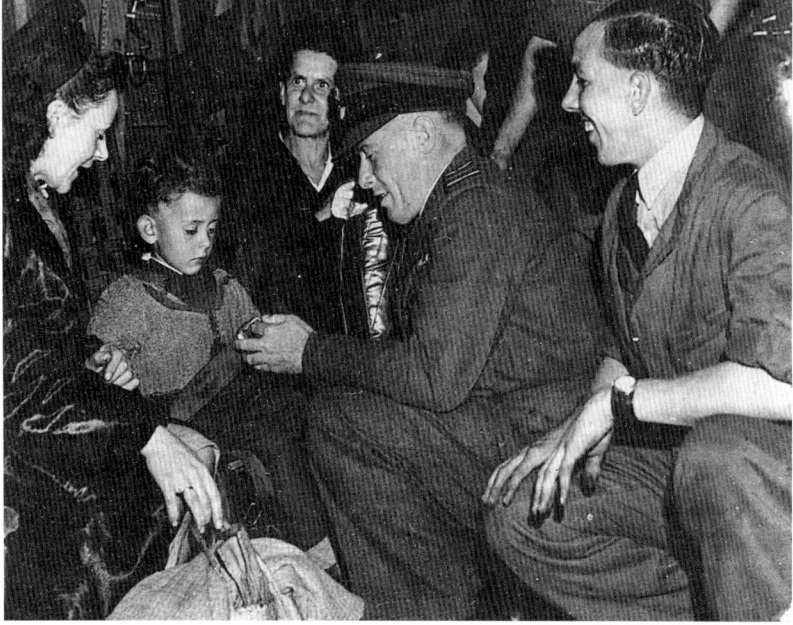

Oben:
Tempelhof im Sommer 1949: In See-
Säcken der US-Army
eingeflogene Kohle
wird entladen.

Unten:
Gatow, 23. September 1948: Zivilpassa-
giere werden in einer
Transportmaschine
für den Flug nach
Westdeutschland
gesichert.

fenden Flugzeugmotoren. Er schüttelte vielsagend den Kopf und deutete voraus auf die dichtgeballten Wolken. [...] ›Drei Minuten voraus eine god-damned Skymaster‹, sagte er, ›und drei Minuten nach uns die nächste, alle auf unserer Höhe. Und irgendwo da unten‹, er stieß seine Kopfhörer in Richtung auf die Wolken unter uns, ›da fliegen englische Yorks im selben Korridor und unter denen Dakotas. Wir sind übereinander gestapelt wie Wurfringe auf dem Pflock und hintereinandergereiht wie ein Güterzug. Wer immer sich diesen Airlift-Betrieb ausdachte, dem sollte man einen Propeller hinten rein und einen Brocken Kohle ins Maul stecken – und ihn selbst durch diese Korridore fliegen lassen.‹«

Damit die Luftbrücke mit derartiger Flugdichte bei Tag wie bei Nacht und selbst bei miserablen Wetterbedingungen ihre für Berlin lebenswichtigen Transportleistungen erbringen konnte, bedurfte es genauester Abstimmung zwischen allen Beteiligten und höchster Konzentration für die Dauer der jeweiligen Einsatzzeiten. Nicht nur Piloten und Bordingenieure sowie Navigatoren, Funker und Radartechniker mußten aufmerksam und präzise kooperieren. Damit die Maschinen vom Boden los und auch sicher wieder herunterkamen, mußten Wartung und Reparatur, Treibstoff- und Ersatzteilversorgung sowie die turnusmäßig vorgeschriebenen Sicherheitskontrollen und Überholungsarbeiten ebenfalls pünktlich und verläßlich funktionieren. Außerdem mußten die überlasteten Flugplätze in Berlin wie in den Westzonen ausgebaut und ständig repariert werden. Und dazu erforderte dann der eigentliche Zweck der Übung – Transport und Verteilung von Lebensmitteln, Medikamenten, Brenn- und Treibstoffen, Baumaterialien sowie Beförderung von zermürbten, erschöpften Berlinern oder deren unterernährten, erholungsbedürftigen Kindern – eine genaue Planung, den Aufbau einer umfangreichen Infrastruktur und den ständigen Einsatz von Schauerleuten, Kraftfahrern, Lagerarbeitern und Ladekulis.

Um die Leistungsfähigkeit aller »Brückenbauer« zu stimulieren, hatte General Tunner dazu aufgefordert, nach dem – trotz aller wetterbedingten Einschränkungen – imponierend gut überstandenen Winter 1948/49 eine neue Rekordmarke zu setzen. So wurden von 12.00 Uhr mittags am 15. April bis zum Mittag des folgenden Tages mit 1398 Flügen 12 940 Tonnen Frachtgut nach Berlin gebracht. Diese überwältigende Demonstration von Einsatzbereitschaft, Leistungsvermögen und Zusammenarbeit lieferte den Sowjets sicher den letzten Beweis, daß ihre Blockade-Politik gescheitert war. Wie viele Menschen mit wie viel Fachkenntnis, Mut, Energie und Ausdauer aber nötig waren, um in nur 24 Stunden so viele Güter durch die Luft zu befördern, war schon damals kaum zu überblicken. Und selbst wenn wir darüber Zahlen hätten, bliebe das Netz der aufeinanderbezogenen Beschaffungs-, Speditions-, Verlade-, Dispositions-, Lufttransport-, Navigations- und Flugsicherheitsleistungen doch unvorstellbar.

Die Opfer der Luftbrücke

Wie effizient die Combined Airlift Task Force ihre Aufgabe bewältigte, beweist auch die Unfall-

statistik. In den Sockel des 1951 vor dem Flughafen Tempelhof aufgestellten Luftbrückendenk-
mals sind die Namen von 78 Piloten, Funkern,
Mechanikern und Transportarbeitern einge-
schrieben, die während der 462 Tage dauernden
Operation »Berlin Airlift« ums Leben kamen. So
schmerzlich um jeden dieser Toten getrauert
wurde, so beeindruckend ist doch, daß insgesamt
277 264 Flüge mit einer Transportleistung von
1 831 200 Tonnen eingeflogener und rund 16 000
Tonnen ausgeflogener Güter nicht mehr Opfer
gefordert haben.

Das Ende der Blockade

Im März begannen in New York Verhandlungen
zwischen den UNO-Botschaftern der USA und
der UdSSR über eine Beendigung der Berlin-
Blockade. Am 4. Mai 1949 wurde darüber ein Abkommen unterzeichnet, das eine Woche später in
Kraft trat: Um 0.01 Uhr starteten Fahrzeugkolon-
nen und Militärzüge der Amerikaner und Briten
an den Grenzkontrollpunkten zur Fahrt von und
nach Berlin. Nachmittags um 14.00 Uhr fuhr
dann der FD 112, der erste fahrplanmäßige Inter-
zonenzug nach Köln, aus dem Bahnhof Fried-
richstraße. Nun waren auch wieder Gütertransporte auf Schienen, Straßen und Wasserwegen
möglich. Sie wurden sofort aufgenommen, verliefen jedoch zunächst nicht störungsfrei. Deshalb wurde der Luftbrückenverkehr einstweilen
unvermindert fortgesetzt. Auf dem Flugplatz Gatow wurde am 13. Mai die einmillionste Tonne
Kohle entladen. Nach einer Statistik der Britischen Militärregierung mußten die Westsektoren
Berlins im Juni immer noch zu 60 Prozent aus
der Luft versorgt werden. Erst im September wurden die Transportflüge ganz eingestellt. Die letzten Maschinen trafen am 23. September in Gatow, am 27. September in Tegel und schließlich
am 30. September in Tempelhof ein.
Die letzte RAF-Dakota, die am 23. September
1949 – aus Lübeck kommend – um 19.22 Uhr in
Gatow landete, trug auf ihrer Nase eine verrät-
selte Inschrift: »Positively the last load from Lübeck, 73 705 tons. Psalm 21, Verse 11.« Der Bibel-
Vers, mit dem diese endgültig letzte Ladung aus
Lübeck kommentiert wurde, drückt den Stolz der
britischen Flieger aus, deren Einsatz die sowjeti-

sche Politik erfolgreich durchkreuzt hatte: »Denn
sie gedachten dir Übles zu tun und machten An-
schläge, die sie nicht konnten ausführen.«
Im schnoddrigen Witz der Berliner wurde die Be-
wahrung vor dem Übel anders gepriesen: »Ooch
die beste Blockade is nischt! Aba wenn schon,
denn immer noch bessa von die Russen blok-
kiert und von die Amis ernährt als umjekehrt
– wa?!«

*Berlin am 23. März
1949: In der blockier-
ten Stadt hergestell-
te Industriegüter werden
mit dem Zeichen
»Made in Blockaded
Berlin« versehen und
ausgeflogen.*

Hans von Przychowski

LUFTKORRIDORE NACH WEST-BERLIN –
DIE ALLIIERTEN SICHERN DAS ÜBERLEBEN DER STADT

Als am 23. April 1945 das letzte Lufthansa-Flugzeug unter sowjetischem Artilleriefeuer den Flugplatz Tempelhof in Richtung Westen verließ, endete die deutsche Lufthoheit.

Mit der Übernahme aller Souveränitätsrechte durch die vier Siegermächte nach der bedingungslosen Kapitulation der Wehrmacht wurden zugleich die Grundlagen für die künftigen Luftverkehrsverbindungen von und nach Berlin gelegt. Im Auftrag des Alliierten Kontollrats bestimmte der sogenannte Luftfahrt-Koordinierungsausschuß zunächst die Luftkontrollzone Berlin mit einem Radius von 32 Kilometern; den Mittelpunkt bildete das Kontrollratsgebäude im Kleistpark, in dem das Berlin Air Safety Center (BASC) seinen Sitz erhielt, bis zur deutschen Einheit im Jahr 1990 die letzte noch funktionierende Viermächteeinrichtung. Die Luftkontrollzone reichte bis zu einer Höhe von 3300 Metern, die größte Flughöhe für Flugzeuge ohne Druckkabine. Später führte dies zu politischen Verwicklungen, weil die sowjetische Seite diese Höhenbegrenzung auch für die drei Luftkorridore als gegeben ansah, die Berlin sternförmig mit den Städten Hamburg, Bückeburg und Frankfurt verbanden. Obwohl die Höhenbegrenzung von den Westmächten niemals akzeptiert wurde, hielten sich die Verkehrsflugzeuge daran. Für den Verkehr in den Korridoren wurde damals verfügt: »Flüge in diesen Korridoren werden ohne vorherige Nachricht von den Deutschland regierenden Nationen durchgeführt.«

Der Berlin-Flugverkehr war stets ein Spiegelbild des Ost-West-Verhältnisses. In Zeiten von Spannungen unternahmen die Sowjets Störversuche, die angesichts der festen Haltung der Westmächte wirkungslos blieben.

Die Wiederaufnahme des Flugverkehrs

Am 18. Mai 1946 landete das erste Verkehrsflugzeug nach dem Krieg wieder in Tempelhof, eine DC-4 der American Overseas Airlines, die später in der PanAm aufging. Die Maschine kam aus New York und hatte Zwischenlandungen in Neufundland, Shannon, Amsterdam und Frankfurt eingelegt. Am 1. September eröffneten die British European Airways (BEA), später von British Airways übernommen, ihren Linienverkehr von London über Hamburg nach Berlin; ihre Maschinen landeten zunächst auf dem Flughafen Gatow. Die noch bescheidenen Luftverkehrsverbindungen kamen fast zum Erliegen, als die Westmächte mit ihrer gewaltigen Luftbrücke 1948/49

Bildlegenden siehe Seite 123

Ein russischer Offizier und seine Sekretärin im Kontrollratsgebäude, 1949. An der Wand eine Karte mit den Luftkorridoren.

trolle der Flugbewegungen auf dem Flughafen Schönefeld, der ebenfalls in der Luftkontrollzone Berlin lag. Und dies, obwohl die damalige DDR-Regierung Schönefeld dazu benutzte, den freien Flugverkehr in West-Berlin mit Dumpingpreisen zu schädigen. Der staatlichen Fluggesellschaft Interflug wurde nämlich der sonst unter Strafandrohung verbotene Wechselkurs von 1:4 zwischen D-Mark und Ost-Mark gestattet. So konnte die Interflug ihre Einnahmen von West-Berlinern zu diesem Kurs in die DDR-Währung umtauschen und wesentlich niedrigere Tarife in D-Mark anbieten, weil sie die meisten ihrer eigenen Ausgaben in Ost-Mark beglich. Vor allem der Ferienflugverkehr vom Flughafen Tegel wurde von diesen Praktiken zum Teil erheblich beeinträchtigt.

Im Jahr 1972 versuchten die Westmächte, den Berlin-Flugverkehr auf eine breitere Grundlage zu stellen. Sie erteilten mehreren westeuropäischen Fluggesellschaften die Erlaubnis, in Tegel zu landen. Dabei stellten sie grundsätzlich klar: Nichtalliierte Fluggesellschaften dürfen die Luftkorridore nicht benutzen. Jede Fluggesellschaft darf jedoch dann in die Luftkontrollzone Berlin einfliegen, wenn sie auf einem in dieser Zone liegenden Flughafen von der zuständigen alliierten Macht eine Landegenehmigung hat. Für den Einflug in die Kontrollzone benötigten die Gesellschaften allerdings eine Überfluggenehmigung der DDR. Diese Überflugerlaubnis ist niemals erteilt worden. Die DDR hätte als Gegenleistung gerne eine Überflugerlaubnis für die Interflug über bundesdeutsches Gebiet eingehandelt, mußte sich aber sowjetischem Druck beugen.

Air France, British Airways und PanAm blieben, von einigen alliierten Charterfluggesellschaften abgesehen, über Jahrzehnte die Hauptträger der zivilen Flugverbindungen. Obwohl diesen Fluggesellschaften mehrfach Vorwürfe gemacht wurden, sie nutzten ihr Berlin-Monopol aus, läßt sich rückblickend sagen, daß sie einen hervorragenden Kurzstreckenverkehr aufgebaut und betrieben haben. Von 1950 bis 1990 beförderten British Airways 40 Millionen und die PanAm sogar 67 Millionen Passagiere von und nach Berlin ohne einen einzigen schweren Unfall. Ein umfangreicher Flugplan bot die notwendigen Verbindungen in guten wie in bösen Zeiten, und die Fluggesellschaften haben stets neben ihrem geschäftlichen Interesse politische Verantwortung gezeigt. Flexibel reagierten sie mit der Bereitstellung von Zusatzflügen auf besondere Nachfrage, und bei gewerkschaftlichen Kampfaktionen wurde Berlin fast ausnahmslos ausgeklammert.

fast ein Jahr lang die Stadt aus der Luft versorgen mußten. Erst 1950 begann der eigentliche zivile Flugverkehr nach West-Berlin. Nun waren auch deutsche Passagiere willkommen, und neben der PanAm und der BEA eröffnete auch die Air France ihre Liniendienste. Sieben Jahre später fertigten die alliierten Fluggesellschaften bereits eine Million Fluggäste ab.

Die Ausweitung der Flugverbindungen betrachteten die Sowjets mit Mißtrauen. Mehrfach, wenn auch vergeblich, machten sie geltend, die Korridore seien nur zur Versorgung der alliierten Garnisonen in der Stadt eingerichtet. Die Westmächte beriefen sich auf das Gewohnheitsrecht. Als stillschweigende Gegenleistung verzichteten sie indessen auf jede Mitsprache oder gar Kon-

Im Jahr 1971 wurde ein erst 1990 eingestellter Rekord eingeflogen: 6,1 Millionen Passagiere, davon allein in Tempelhof 5,5 Millionen. Die Transiterleichterungen im Gefolge der Berlin-Vereinbarungen führten zunächst zu einem Rückgang der Passagierzahlen, eine Entwicklung, die allerdings schnell gebremst wurde, als die Wirtschaftskraft Berlins zunahm und die Stadt, nicht zuletzt aufgrund der vielen Kongresse und Veranstaltungen, wieder eine Reise wert war. Die Fluggesellschaften, allen voran British Airways, unterstützten die Bemühungen Berlins, Besucher anzuziehen. So warb British Airways mit dem »Goldenen Konferenztisch«, einer Auszeichnung, die jenem Unternehmen alljährlich zuerkannt wurde, das die meisten Konferenzteilnehmer in Berlin versammelte.

Die Flugsicherung

Eine hervorragende Flugsicherung durch die drei Westmächte machte den sicheren Flug erst möglich. Nicht zuletzt aus politischen Gründen – man wollte Luftzwischenfälle mit ihren möglichen Folgen unter allen Umständen vermeiden – standen die Flugzeuge in den Luftkorridoren unter ständiger Kontrolle. Zwei alliierte Institutionen waren für den gesamten Flugverkehr verantwortlich: das Berlin Air Route Traffic Control Center (BARTCC) in Tempelhof mit Fluglotsen der drei Westmächte, und die Berlin Aeronautics Unit (BAU), ebenfalls in Tempelhof, unter der US-Mission, aber weitgehend mit deutschen Mitarbeitern besetzt. Das BARTCC war für die Streckenkontrolle in den Korridoren und für den Anflug in der Kontrollzone zuständig, die BAU für die elektronischen Anlagen, vor allem aber für das hochmoderne Flugplan-Koordinierungs-System (FLIPCO), das allen verantwortlichen Dienststellen die notwendigen Informationen zugänglich machte. Es ist auch heute noch in Betrieb, nunmehr unter Leitung der Bundesanstalt für Flugsicherung.

Nur wenige wußten, wie kompliziert ein Flug nach Berlin gewesen ist. Ehe die Flugpläne im FLIPCO gespeichert werden konnten, mußten sie von den drei alliierten Luftfahrtattachés genehmigt, dann für den bundesdeutschen Flugweg mit der Bundesanstalt für Flugsicherung und für die Erteilung der Start- und Landezeiten mit dem Flugplankoordinator abgestimmt werden. Die Vertreter der vier Mächte im BASC waren über FLIPCO über jeden einzelnen Flug informiert, sie konnten ständig die jeweilige Position des Flug-

Seite 120:
Ein Düsenjet der PanAm auf dem Flughafen Berlin-Tegel. Im Hintergrund das alte Flughafengebäude.

Seite 121:
Im Berlin Air Safety Center: ein amerikanischer Offizier vor einer Karte der Luftkontrollzone Berlin, 1949.

Fluglotsen des BARTCC in Tempelhof bei der Arbeit: Sie waren für die Streckenkontrolle in den Luftkorridoren und für den Anflug in der Kontrollzone zuständig.

zeugs ablesen. Das war auch notwendig, denn keine Maschine durfte in die Luftkorridore einfliegen, ohne zuvor die Freigabe vom BASC erhalten zu haben. Diese Erlaubnis wurde erst kurz vor dem Einflug in die Korridore erteilt. Mit der Freigabe übernahm zugleich das BARTCC das Flugzeug und leitete es bis zur Kontrollzone Berlin. War diese erreicht, übernahmen die Lotsen der Anflugkontrolle die Führung und geleiteten die Maschine bis zum Endanflug auf den Flughafen, bei dem sie dann von den Lotsen der Kontrolltürme überwacht wurde. Während in Tempelhof deutsche Lotsen der BAU tätig waren, arbeiteten auf den Kontrolltürmen in Tegel französische, in Gatow britische. Nach der Wiedervereinigung wurde das gesamte Personal der Flugsicherung für eine Übergangzeit von der Bundesanstalt für Flugsicherung übernommen, so daß sich der Berlin-Flugverkehr, von der Tätigkeit des inzwischen aufgelösten BASC abgesehen, nach dem bisherigen Muster vollzieht, mit einer wesentlichen Änderung allerdings: Es gibt nun auch direkte Kontakte zur Flugsicherung in Schönefeld, die für die Streckenkontrolle über dem Gebiet der ehemaligen DDR zuständig ist. Die Flugzeuge von Tegel und von Tempelhof können nun auch in nördliche oder südliche Richtung fliegen, ohne die einstigen Luftkorridore benutzen

zu müssen, die inzwischen zu normalen Luftstraßen ohne Höhenbegrenzung deklariert worden sind.

Der Berlin-Flugverkehr als Politikum

Der Berlin-Flugverkehr, bis zur Wende in der DDR die einzige unkontrollierte Verbindung der Stadt zum Westen, war stets ein Politikum. Alliierte Verantwortlichkeit, kommerzielle Interessen und eingeschränkte deutsche Mitsprache führten oft zu geradezu kuriosen Erscheinungen. Selbst harmlose Vorfälle, woanders Routineangelegenheiten, erregten höchste politische Instanzen.

So rieben sich am Nachmittag des 14. September 1961 nicht nur die Berliner verdutzt die Augen, als plötzlich zwei Jagdbomber der Bundesluftwaffe in Tegel landeten. In dem eher kurios anmutenden Vorfall sah die sowjetische Regierungszeitung »Iswestija« bereits das »brennende Verlangen« der Bundesrepublik, »einen bewaffneten Konflikt zu beginnen, der einen Weltbrand entfachen kann«.

Was war geschehen? Die beiden Jagdbomber vom Typ F 84 hatten an einer NATO-Übung teilgenommen und befanden sich aus dem französischen Luftraum auf dem Heimflug zu ihrem Stützpunkt Lechfeld. In einer Höhe zwischen elf

Auf dem Gelände des französischen Militärflughafens in Reinickendorf baute das Hamburger Architektenbüro GMP den Flughafen Tegel-Süd. Er wurde am 1. November 1974 in Betrieb genommen.

und zwölf Kilometern gerieten die Flugzeuge in ein heftiges Gewitter. Nacheinander fielen in beiden Maschinen die Radiokompasse aus. Die Piloten konnten ihre eigene Bodenstation nicht mehr empfangen und gerieten in den Luftraum der DDR. Sie wußten nicht mehr, wo sie waren, und gaben ein Notsignal, das von der alliierten Flugsicherung in Tempelhof empfangen wurde. Die Fluglotsen entschieden sich, die Flugzeuge, deren Treibstoff zur Neige ging, so schnell wie möglich nach Tegel zu leiten. Gegen 16 Uhr setzten die beiden Flugzeuge zur Notlandung an, die glatt verlief.

Unverzüglich wurde die französische Schutzmacht tätig, in deren Sektor der Flughafen Tegel lag. Die beiden Piloten wurden in den Kasernenkomplex des »Quartier Napoleon« gebracht, und ein französischer Sprecher verkündete, ein Schmunzeln unterdrückend: »Es geht ihnen bei uns nicht schlecht.« Die beiden Flugzeuge wurden in einem Hangar in Tegel den Blicken der Öffentlichkeit entzogen.

Und nun begannen die politischen Drähte zwischen den vier Hauptstädten zu glühen, während in Bonn Bundesverteidigungsminister Franz Josef Strauß »eine strenge Untersuchung« ankündigte. Und der Regierende Bürgermeister Willy Brandt drückte »seine Beunruhigung« darüber aus, daß zwei Bundeswehrflugzeuge »überhaupt in eine solche Situation kommen konnten«.

Am 18. September schickte die sowjetische Regierung an die drei Westmächte und an die Bundesregierung Protestnoten, in denen für »künftige Fälle« der Gebrauch der Waffe angekündigt wurde. Der Flugirrtum der beiden Piloten wurde als »vorbedachte Provokation« bezeichnet. Und Bonn wurde mitgeteilt, der Vorfall beweise, wie dringend nötig »eine Normalisierung der Lage in West-Berlin« sei.

Nach Tagen der Stille meldeten sich die beiden Piloten überraschend am 30. Oktober bei Luftwaffeninspekteur General Josef Kammhuber zurück. Elegant hatten die Franzosen den Vorfall aus der Welt geschafft. Die Piloten wurden nach Paris geflogen und dort der deutschen Botschaft übergeben, die sie unverzüglich nach Bonn in Marsch setzte. In Kisten verpackt »flogen« auch die beiden Düsenbomber aus Berlin heraus.

Manche Entwicklung war für normale Bürger kaum noch nachvollziehbar. Ein Beispiel waren die Flugpreise. Im April 1952 kamen die Fluggesellschaften auf die Idee, einen niedrigen Nachttarif, einen teuren Tagestarif und einen kombinierten Tarif einzuführen. Abgesehen davon, daß die Zeiten für Nacht- oder Tagestarife völlig willkürlich und für jede Strecke unterschiedlich festgelegt wurden, erwies sich diese Tarifabsprache bald als völliger Fehlschlag. Zum billigen Nachttarif flogen nämlich nicht nur die Privatreisenden, sondern auch die Geschäftsleute, die Tagesrandverbindungen nutzen wollten. Die »Nacht«-Maschinen waren überfüllt, die Tagesmaschinen blieben leer. Nach dem Bau der Mauer, als sinkende Passagierzahlen die Rentabilität der Flugverbindungen gefährdeten, führte die Bundesregierung die Fluggast-Subvention ein. Zunächst

Eine Caravelle der Air France auf dem Flughafen Tegel, 1978.

Links:
Der »Rosinenbom-
ber« als Museumsob-
jekt: Modell einer
Douglas C-54
Skymaster.

Rechts:
Lebensmittel aus der
Blockadezeit:
Trockenmilch, gerie-
bener Käse, Pflanzen-
margarine, Braten-
fett.

wurden die drei Tarifgruppen unterschiedlich subventioniert, so daß für den Passagier ein verbilligter Einheitstarif zu zahlen war. Die Tarifstruktur und der einzelne Subventionsbetrag wurden in den folgenden Jahren mehrfach verändert. Im Sommer 1990 zahlte die Bundesregierung beispielsweise pro Passagier auf der Route nach Köln/Bonn 48 DM für den Hin- und Rückflug, so daß der Flugpreis für den Fluggast 482 statt 530 DM betrug.

Eine Berliner Eigenart war es, Preiserhöhungen auf allen Gebieten hinzunehmen, jede Flugpreiserhöhung aber lautstark zu beklagen. Dasselbe Verkehrsministerium, das der Lufthansa auf innerdeutschen Flügen Preiserhöhungen zugestand, protestierte dagegen, wenn sie im Berlin-Verkehr erhoben wurden. Bund und Senat waren immer einig, wenn es galt, den Fluggesellschaften niedrigere Tarife zu empfehlen. Doch wehe wenn die Fluggesellschaften den Empfehlungen folgten und die deutsche Seite beim Wort nahmen: Sie wurden dann abgewiesen. Die Bundesregierung hatte zwar kein Tarif-Mitspracherecht, konnte aber Billigtarife zu Fall bringen. Sie zahlte einfach keine Subvention. Dabei hatte die Bundesregierung die Subvention eingeführt, um das

Fliegen attraktiver zu machen. Stets herrschte jedoch auch die Furcht, billige Flugpreise könnten eben diesen Effekt tatsächlich haben und den Subventionsbetrag in die Höhe treiben, wenn mehr Passagiere flogen. Auch wollte die Bundesregierung verhindern, daß zu viele Reisende von der Bahn zum Flugzeug abwanderten. Mit der Wiedervereinigung und der Rückgabe der Souveränität ist die Fluggast-Subvention entfallen. Die Flugpreise stiegen auch deshalb, weil die Mehrwertsteuer erhoben wurde. Still und leise allerdings führte die Bundesregierung jenen Super-Spar-Tarif ein, den sie den alliierten Fluggesellschaften Jahre zuvor verweigert hatte.

Aber das waren nicht die einzigen Widersprüche. Je nach Opportunität propagierten die unterschiedlichen Berliner Landesregierungen Konzepte von einem Luftkreuz oder, vor Wahlen, den Kampf gegen den Fluglärm. Während der eine Senat den Flugverkehr unverhältnismäßig ausweiten wollte, und das zu einem Teil auch erreichte, wollte der andere den Flugverkehr einschränken, was mißlingen mußte. Unentschlossenheit und politisches Hick-Hack führten dazu, daß die Berliner Flughäfen nicht genügend ausgebaut wurden und heute dem Verkehr nicht mehr gewachsen sind. Die Geister, die man im Wahlkampf rief, wird man nun nicht mehr los.

Nach der Wiedervereinigung

Während nach der Wende in der DDR die westlichen Alliierten an einer Übergangsregelung für den Berlin-Flugverkehr arbeiteten, überstürzten sich die Ereignisse. Deutschland erhielt schneller als erwartet die Souveränität und damit die Lufthoheit zurück. Mit Beginn des Winterflugplans 1990 setzte ein Ansturm neuer Fluggesellschaften in Tegel ein, der kaum noch zu bewältigen war. Kurz- und mittelfristige Baumaßnahmen und die Reaktivierung Tempelhofs sollen die kommenden Jahre überbrücken helfen, bis ein neuer Großflughafen außerhalb der Stadt betriebsbereit ist. Das wird aber nicht vor 2005 der Fall sein. Eine lange Zeit, die schwerwiegende Entscheidungen nötig macht. Nur offene Worte an die zunehmend unter Fluglärm leidenden Berliner können das Verständnis fördern, das dem Flugverkehr entgegengebracht werden muß, wenn Berlin seinen Hauptstadtanspruch erfüllen will. Die Berliner aber blicken in Dankbarkeit zurück auf die Zeit, in der die West-Alliierten die Lebens-

fähigkeit der Stadt garantierten und die Männer und Frauen der alliierten Fluggesellschaften ihren Beitrag dazu leisteten, daß die Insel hinter dem Eisernen Vorhang überleben konnte.

Helga L. Hillebrand

EIN PHOENIX AUS DER ASCHE –
LUFTFAHRT IN DEUTSCHLAND NACH 1945

Die Sage vom Wundervogel Phoenix, der, obwohl zu Asche verbrannt, doch immer wieder zu neuem Leben ersteht, schöner und größer als je zuvor, hat ihre Parallele in der Wirklichkeit: Die deutsche Luftfahrt erhob sich nach dem Kriegsende 1945 tatsächlich wie ein Phoenix aus der Asche. Dabei waren die Voraussetzungen denkbar ungünstig. Den Deutschen wurde – wie auch schon nach dem Ersten Weltkrieg – in einem Nachtrag zum Potsdamer Abkommen, der Proklamation No. 2 vom 20. September 1945, jegliche Beschäftigung mit der Fliegerei strikt verboten.

Fliegen verboten

Dabei wäre es auch ohne dies schwer genug gewesen, eine neue deutsche Luftfahrt aufzubauen. Die deutschen Flugzeuge waren zerstört. Die weltberühmten deutschen Flugzeugbau-Firmen wurden enteignet und unter alliierte Verwaltung gestellt. In vielen Fällen gab es jedoch nicht mehr viel zu verwalten, denn die Hallen und Anlagen waren fast alle zerstört; es ging nur noch um die offizielle Liquidierung. Den mageren Rest nahmen die Alliierten als Reparation mit. Viele namhafte Konstrukteure und Entwickler folgten dem Angebot französischer oder amerikanischer Unternehmen.

Auch der zivile Luftverkehr war von der Proklamation betroffen. Im April 1945 hatte die Lufthansa den zerstörten Flughafen Berlin-Tempelhof, ihren damaligen Hauptsitz, verlassen. 45 Jahre sollte es dauern, bis eine neue Lufthansa hierhin zurückkehren konnte. Die Alliierten verfügten im Gesetz 52 die Beschlagnahme des gesamten Lufthansa-Vermögens, stellten das Unternehmen unter Militärkontrolle.

Finanzielle Not führte dazu, daß rund 300 ehemalige Lufthansa-Ingenieure und -Techniker die Hansa-Werkstätten in Berlin gründeten, in denen Autowracks wieder aufgearbeitet wurden. Der nächste Schritt war die Gründung der Hansa Reise und Verkehrs GmbH, die aus den Einnahmen der Hansa-Werkstätten finanziert wurde. Diese hoffnungsvollen Anfänge blieben jedoch erst einmal die einzigen Erfolge auf deutscher Seite. Zwar flogen einige ausländische Fluggesellschaften seit 1946 wieder deutsche Flughäfen an, zumindest in den Westzonen, und die Verkehrsflughäfen wurden von den Militärs an zivile Verwaltungen übergeben, doch lief alles unter alliierter Federführung; für Deutsche war kein Platz. So blieben auch Versuche einiger Lufthanseaten, eine Bodenorganisation unter dem Namen Luft-

Links:
Wiedereröffnung der deutschen Luftfahrt: Am 1. April 1955, morgens um 7 Uhr 40, startete die Lufthansa mit dieser Convair CV-340 vom Flughafen Hamburg-Fuhlsbüttel zum ersten planmäßigen Flug nach München.

Rechts:
Plakat der Lufthansa zur Wiedereröffnung ihres Linienverkehrs, April 1955.

Mit der eleganten Super-Constellation nahm die Lufthansa im Juni 1955 ihre Nordatlantikflüge wieder auf.

die vom damaligen Bundesverkehrsminister Hans-Christoph Seebohm einberufene konstituierende Sitzung des »Vorbereitungsausschusses Luftverkehr« statt, und am 6. Januar 1953 wurde die Aktiengesellschaft für Luftverkehrsbedarf (Luftag) in Köln gegründet: am Geburtstag der alten Luft Hansa. Aus ihr ging auch die neue Deutsche Lufthansa am 6. August 1954 hervor. In der Zwischenzeit, am 23. März 1953, wurde per Gesetz die Bundesanstalt für Flugsicherung geschaffen. Auch eine eigene Luftwaffe wurde nach Erlangen der Lufthoheit wieder aufgebaut.

Anfänge einer neuen deutschen Luftfahrtindustrie

Die Wahl des geeigneten Fluggeräts fiel der Luftag schwer. Die eigene deutsche Luftfahrtindustrie, bei der die Lufthansa früher wunschgerecht Flugzeuge orderte, lag ja am Boden. Claude Dornier hatte die Lindauer Dornier-Werke aufgebaut, die sich jedoch nicht mit Flugzeugbau, sondern mit Textilmaschinen beschäftigten. Doch die Flugzeugbegeisterung bewog ihn, im Ausland das zu verwirklichen, was in Deutschland nicht möglich war. So gründete er im Februar 1951 die Oficinas Tecnicas Dornier in Madrid. Er arbeitete dort bereits wieder an einem neuen Flugzeug, der Do25, einem kleinen, einmotorigen Hochdecker mit Kurzstart-Eigenschaften für das spanische Heer. Der erste Prototyp der Do25 flog am 25. Juni 1954. Dornier hatte aber auch die deutsche Luftfahrtindustrie nicht vergessen. Als mit der Luftag wieder neues Leben in den deutschen Lufttransport kam, bewog er die verbliebenen Unternehmen der deutschen Luftfahrtindustrie, sich zusammenzuschließen. Daimler-Benz, die Dornier-Werke GmbH, Focke-Wulf, Heinkel, Junkers und Messerschmitt gründeten 1953 gemeinsam die Aero-Union, die mit amerikanischen Firmen wegen einer Lizenzfertigung von Verkehrsflugzeugen für die Luftag verhandeln sollte. Auch nachdem diese Vereinigung wieder auseinandergebrochen war, hielt sich die deutsche Luftfahrtindustrie auf zivilem Gebiet hauptsächlich durch Lizenzfertigungen und als Zulieferer für amerikanische, englische und französische Firmen über Wasser.

Die Luftag als Vorläuferin der Deutschen Lufthansa mußte sich also in Amerika und England nach ihren Flugzeugen umsehen. Sie bestellte am 26. Juni 1953 vier Super-Constellations von Lockheed und am 28. September vier Convair 340 bei Consolidated Vultee Aircraft Corporations: die Startflotte der neuen Lufthansa. Im November

reise GmbH – Hilfsbetrieb für Luftverkehr ins Leben zu rufen, ohne Erfolg.

Anfänglich war den Deutschen sogar der Mitflug in einem Flugzeug verwehrt, doch wurde diese Regelung 1948 aufgehoben. Eine vorsichtige Lockerung der harten Gesetze gegen die Deutschen im Luftverkehr begann. Vorreiter waren hier die Amerikaner, die 1949 beschlossen, deutsches Personal für Flugsicherungsaufgaben zur Unterstützung der eigenen Fluglotsen im amerikanischen Luftamt (Civil Aviation Board) in Wiesbaden zu schulen und einzusetzen. Im Herbst 1949 nahmen die ersten 40 deutschen Fluglotsen ihre Schulung in Bremen auf und wurden anschließend auf die Kontrolltürme der Verkehrsflughäfen Bremen, München, Nürnberg und Stuttgart verteilt, wo ihre amerikanischen Kollegen sie unter die Fittiche nahmen. Daß damit die Amerikaner einen bedeutenden Schritt für die Deutschen und zur Normalisierung wagten, zeigt die Äußerung des britischen Abgeordneten D. L. Lipson vom 2. Dezember 1949: Er forderte das Außenministerium auf, sich dem Einsatz von Deutschen in der Zivilluftfahrt zu widersetzen und »so eine Bedrohung des Weltfriedens« zu verhindern.

Die Wiedergewinnung der Lufthoheit

Bis zum 5. Mai 1955 sollte es noch dauern, ehe die Bundesrepublik Deutschland auch ihre Lufthoheit zurückerhielt. Der Aufbau einer neuen deutschen Luftfahrt begann jedoch bereits in den Jahren davor. So fand am 9. November 1951

1953 begannen die ersten Lehrgänge zur Nachschulung deutscher Piloten und Navigatoren in Köln, wo auch künftig die Verwaltung der Lufthansa saß. Für den Betrieb wurde jedoch Hamburg maßgeblich. Hier schloß die Luftag am 2. Dezember 1953 einen langfristigen Mietvertrag mit der Hamburger Flughafengesellschaft, die weitblickend in den neuen deutschen Luftverkehr investierte und am Flughafen die große Wartungs- und Überholungshalle baute. Noch heute befindet sich hier die technische Basis der Lufthansa.

Die Deutsche Lufthansa startet erneut

Auf ihren neuen, alten Firmennamen »Deutsche Lufthansa« hört die erste – und zu diesem Zeitpunkt noch einzige – deutsche Fluggesellschaft seit dem 6. August 1954. An diesem Tag beschloß die Hauptversammlung der Luftag ihre eigene Umbenennung, nachdem sie zuvor den traditionellen Namen von der alten in Liquidation befindlichen Deutschen Lufthansa AG gekauft hatte. Um diesen Namen sollte es noch einigen Ärger geben.

Zunächst einmal erwartete die Deutsche Lufthansa jedoch ihre ersten Flugzeuge: Am 29. November 1954 trafen die ersten beiden Convair in Hamburg ein. Der erste Flugbegleiter-Lehrgang begann im Januar 1955 an der Lufthansa-Schule in Hamburg. Am 31. März fand die Einweihung der Halle statt. Am 2. April ging es dann los – noch mit Sondergenehmigung nahm die Lufthansa den innerdeutschen Luftverkehr auf, einen vollen Monat vor dem Inkrafttreten der Pariser Verträge und damit der deutschen Lufthoheit. Schon am 15. Mai eröffnete sie die ersten grenzüberschreitenden Verbindungen nach Madrid, London und Paris. Am 8. Juni folgte der erste Nordatlantikflug der Nachkriegs-Lufthansa mit einer Super-Constellation von Hamburg über Düsseldorf und Shannon nach New York.

Dennoch: die Lufthansa war noch immer abhängig, abhängig von alliierten Piloten in den Cockpits, manchmal mit einem deutschen Co-Piloten, Navigatoren oder Funker neben oder hinter sich, doch immer als Kapitän der Maschine. Das war keine politische Doktrin, sondern pure Notwendigkeit, denn deutsche Cockpit-Besatzungen gab es so gut wie gar nicht, und die Flugzeuge der fünfziger Jahre hatten eine Cockpit-Besatzung von vier bis fünf Mann, während es heute, seit dem Airbus A320, nur noch zwei sind.

Auch aus diesem Dilemma zog die Lufthansa schnell Konsequenzen: Am 1. Oktober 1955 wurde die Lufthansa-Pilotenschule in Hamburg-

Der erste Jet der Lufthansa: die Boeing 707.

Fuhlsbüttel gegründet, am 1. Mai 1956 eröffnete die Lufthansa dann die heutige Verkehrsflieger-schule in Bremen.

Gleich nach Aufnahme des Flugbetriebs Anfang Juni 1955 trat die Lufthansa auch der Internatio-nal Air Transport Association (IATA) bei, der In-ternationalen Vereinigung der Luftverkehrsgesell-schaften. Ähnliches tat die Bundesrepublik 1956 mit ihrem Beitritt zur Internationalen zivilen Luftfahrtorganisation ICAO, deren 67. Mitglied sie wurde.

Jets revolutionieren den Luftverkehr

Die Wahl geeigneten Fluggeräts für die neue Lufthansa war nicht nur eine Frage der Liefer-firma und des Herkunftslandes, es war auch eine äußerst schwierige technische Entscheidung. Die Flugzeugentwicklung hatte einen neuen Meilen-stein erreicht: Der Jet-Antrieb schickte sich an, die Kolbenmotoren mit Propeller zu verdrängen. Im Jahr 1951 hatte mit der englischen De Havilland D. H. Comet das Jet-Zeitalter im zivilen Luftverkehr begonnen. Diese Maschine hatte ein Avon-Triebwerk von Rolls-Royce und besaß zugleich auch erstmals eine Druckkabine, denn um die Vorteile eines Strahltriebwerks ausschöpfen zu können, muß höher geflogen werden. Und noch eine technische Neuerung zog Anfang der fünfziger Jahre in den Flugzeugbau ein: der gepfeilte Flügel. Zuvor saßen die Tragflächen rechtwinklig am Rumpf, jetzt wiesen sie leicht nach hinten. Dadurch verbesserten sich die Flugleistungen und -eigenschaften speziell bei höheren Geschwindigkeiten. Eigentlich beruhten Strahltriebwerk und gepfeilter Flügel auf deutschen Ideen. Engländer und Amerikaner führten sie aber zumindest in der zivilen Luftfahrt ein. In Amerika flog dann im Juli 1954 bei Boeing die legendäre Dash 80, der Vorläufer der Boeing 707. Daß die Lufthansa trotzdem noch von Kolbenmotoren getriebene Flugzeuge orderte, rührte nicht von einer technischen Fehleinschätzung her. Vielmehr sahen die Lufthanseaten im Ein-

satz einer neuen Technik mit all den damit verbundenen technischen und betrieblichen Schwierigkeiten ein zu großes Risiko. Doch bereits am 1. Februar 1956 zeichnete die Lufthansa einen Vorvertrag über vier Boeing 707-400 – mit rund 22 Millionen Mark Kaufpreis pro Flugzeug, eine ungeheure Investition so kurz nach dem Beginn. Vom 5. November 1956 an »flogen« diese Maschinen bei der Lufthansa – allerdings nur als »Paper Jet«, also auf dem Papier. Das war die Vorbereitung der Lufthansa auf die neue technisch-betriebliche Herausforderung. Das »Paper Jet Team« führte eine volle Flugplanung für diese Flüge durch, berechnete die günstigsten Flughöhen, die besten Flugwege, das staatliche Wetteramt sammelte meteorologische Daten in den entsprechenden Flughöhen, Flugzeug-Umläufe wurden durchgespielt. Das moderne Zeitalter im deutschen Luftverkehr begann, als am 17. März 1960 schließlich die erste Boeing 707 der Lufthansa auf der Nordatlantik-Strecke in Einsatz ging.

Seite 132, oben: Das Cockpit einer Boeing 747.

Seite 132, unten: Eine Tu-134 und eine IL-62 der Interflug auf dem Flughafen Schönefeld. Die Aufnahme wurde im Mai 1990 gemacht.

Blick über das Flugfeld des Frankfurter Rhein-Main-Flughafens, 1967.

»Keep smiling«: Abschlußfoto vom 100. Flugbegleiter-Lehrgang der Lufthansa, 22. April 1969.

Wartungs- und Kontrollarbeiten am Triebwerk eines Airbusses A300-600 bei der Lufthansa in Frankfurt, 1987.

Das Flugzeug als Massenverkehrsmittel

Mit den Düsenflugzeugen stiegen die Passagierzahlen sprunghaft. Beförderte die Lufthansa 1959 noch 786 000 Passagiere, so waren es 1960 schon über 1,2 Millionen und 1961 sogar über 1,5 Millionen – eine Verdopplung in gerade zwei Jahren. Das Flugzeug wurde immer mehr zum Massenverkehrsmittel. Die Lufthansa bestellte die Boeing 727 und drängte Boeing zum Bau der kleinen Boeing 737, die zum bestverkauften Verkehrsflugzeug der Welt werden sollte. Doch waren es wirtschaftlich schwierige Zeiten. Zwar stiegen die Passagierzahlen immer weiter, aber gleichzeitig kam starke Konkurrenz auf den Markt: Der Flugtourismus begann, und mit ihm fielen die Flugpreise. Billigangebote wurden gefordert, Charter-Fluggesellschaften gewannen an Boden. Doch auch hier hatte sich die Lufthansa abgesichert. Am 1. November 1961 benannte die Lufthansa ihre Deutsche Flugdienst GmbH, an der sie seit Ende 1955 beteiligt war und die ihr seit 1959 ganz gehörte, in Condor Flugdienst GmbH um und hatte damit ein starkes Bein auch im Charter-Geschäft. Ein zweites Standbein schuf sie sich 1968 mit dem Kauf der Südflug. Konkurrenz machte ihr hier die LTU, die am 20. Oktober 1955 von dem Engländer Bernard A. Dromgoole gegründet wurde, bald jedoch ganz dem Finanzier und Duisburger Architekten Kurt Conle gehörte. Diese Chartergesellschaft flog anfänglich mit Vickers Viking, dann mit Bristol 170, Douglas DC-4 und Fokker F27. Als erste Chartergesellschaft der Bundesrepublik läutete LTU 1965 mit einer Caravelle das Jet-Zeitalter auch für den Touristikverkehr ein.

Inzwischen hatte sich Frankfurt zum europäischen Drehkreuz gemausert. Auch die Lufthansa hatte den Flugbetrieb nach Frankfurt verlegt und dort eine Basis aufgebaut. Hamburg entwickelte sich weiter zum größten Überholungszentrum. Mitte 1966 bestellte die Lufthansa das neue Großraumflugzeug Boeing 747. Im Jahr 1970 sollten die drei Maschinen in Dienst gehen. Problem dabei: Bei diesen geringen Stückzahlen war keine effektive, kostengünstige Wartung möglich. Doch ging das nicht nur der Lufthansa so. Auch Air France, Alitalia und Sabena sowie seit 1972 Iberia standen vor diesem Problem. Das führte im März 1969 zur ersten europäischen Kooperation: dem ATLAS-Verbund, einer Wartungsvereinigung, die ursprünglich nur für die Boeing 747-Flotte gedacht war, später jedoch auch auf andere Muster, wie McDonnell Douglas DC-10 und Airbus A300 ausgedehnt wurde.

Die deutsche Luftfahrtindustrie formiert sich neu

Für die deutsche Luftfahrtindustrie waren die sechziger Jahre noch sehr schwer. Zu eigenen Flugzeugentwicklungen hatte es Dornier gebracht, doch tummelte er sich bewußt eher bei den kleineren Verkehrsflugzeugen für Zubringer- und Regionaldienste, für Sonderaufgaben und

mit Kurzstarteigenschaften. Im Jahr 1955 war Dornier mit dem Flugzeugbau nach Deutschland zurückgekehrt und begann 1956 mit der Fertigung der Do27. Junkers und Messerschmitt hatten sich Ende der fünfziger Jahre zusammengefunden. Die Hamburger Flugzeugbau (HFB) entwickelte die HFB 320 Hansa Jet, ebenfalls eine kleine Geschäftsreise-Maschine. Anfang der sechziger Jahre vereinigten sich Heinkel, Focke-Wulf und die Weserflug zur VFW und brachten die VFW 614 auf den Markt, die bei der Deutschen Forschungsanstalt für Luft- und Raumfahrt (DLR) noch heute modifiziert als Erprobungsträger ATTAS fliegt. Auch fusionierten Ende der sechziger Jahre Messerschmitt, Bölkow und die HFB zu Messerschmitt-Bölkow-Blohm (MBB) und auf dem Triebwerkssektor die MAN Turbomotoren (gegründet 1958) mit dem BMW Triebwerksbau (gegründet 1957) 1965 zu MAN Turbo, und am 11. Juli 1969 stieß noch der Maybach Mercedes-Benz Motorenbau hinzu: Die heutige MTU Motoren- und Turbinenunion entstand. Neben Lizenzfertigungen und Zulieferaufträgen für ausländische Firmen bildeten Militäraufträge die eigentliche Lebensader der deutschen Luftfahrtindustrie. Sie boten eine sichere und stabile Einnahmequelle, unabhängig von Wirtschaftseinbrüchen wie in den siebziger Jahren durch die Ölkrisen. In Kooperation mit Frankreich ent-

Der europäische Airbus: Verladung eines Rumpfteils in Hamburg-Finkenwerder für den Flug zur Endmontage in Toulouse.

*Flugbegleiter der
Lufthansa versorgen
in der Business Class
einer Boeing 747-400
die Fluggäste.*

*»Flugzeug-Konfe-
renz« in einem
»Jumbo-Jet« B 747,
1989.*

mit eigenen Produkten aus dem Hause MBB aufwarten, wie der Bo105 und der Bk117. In Zukunft überwiegen auch im militärischen Flugzeugbau die europäischen Kooperationen, wie man am Projekt des Jägers 90 (EFA) und an den Hubschrauberprojekten NH-90 und PAH-2 sieht.

Der europäische Airbus

Im Jahr 1967 begannen jedoch Entwicklungen, die der zivilen deutschen Luftfahrtindustrie eine neue, internationale Bedeutung geben sollten. Auf den Reißbrettern in der Bundesrepublik und in Frankreich entstanden Zeichnungen für ein neues Verkehrsflugzeug; 1969 schlossen die beiden Länder einen ersten Regierungsvertrag über eine gemeinsame Flugzeug-Entwicklung. Der Grundstock für die Airbus Industrie war gelegt, offiziell gegründet wurde sie im Dezember 1970. Neben MBB auf deutscher Seite beteiligten sich die französische Aérospatiale, British Aerospace und die spanische CASA. Airbus Industrie wurde zur ersten internationalen Kooperationsfirma, zum Paradepferd für den europäischen Gedanken. Im Mai 1974 wurde der erste Airbus A300 ausgeliefert. Die Lufthansa bestellte die ersten drei Airbusse A300 am 25. Juni 1975, am 2. Februar 1976 wurde der erste ausgeliefert. Damit gab es erstmals ein Großraumflugzeug mit zwei Gängen in der Kabine für die Kurz- und Mittel-

stand 1963 der Militärtransporter C-160 Transall und 1973 das Schul- und Unterstützungsflugzeug Alpha Jet. In Zusammenarbeit mit den Briten wurde außerdem seit 1974 das Kampfflugzeug Tornado gebaut. Für die deutschen Starfighter und Mitte der siebziger Jahre die Phantoms, die beide amerikanischer Herkunft waren, übernahm die deutsche Industrie die gesamte Betreuung. Nur bei den Hubschraubern konnte Deutschland

strecke. Von dem A300 und allen Folgemodellen von Airbus, dem A310, dem A300-600 und dem kleinen Airbus A320, entwickelt und baut die deutsche Industrie rund ein Drittel. Modernste Techniken zogen damit wieder in den deutschen Luftfahrtfirmen ein, und selbst wenn kein großes Verkehrsflugzeug heute mehr ganz aus Deutschland kommt, arbeitete sich die deutsche Luftfahrt wieder an die Spitze der Luftfahrttechnik.

Ein neuer Abschnitt im deutschen Flugzeugbau der Nachkriegszeit und in der europäischen Kooperation bahnt sich inzwischen an: Hatte bisher die Endmontage aller Airbus-Modelle im französischen Toulouse beim dortigen Partner Aérospatiale stattgefunden, so wird der verlängerte A321 seine Heimat in Hamburg haben. Wegbereiter dieses Wandels in der Aufteilung der Arbeitspakete innerhalb der Airbus-Kooperation, mit dem die Deutschen neue Erfahrungen sammeln können, war die Gründung der Deutschen Aerospace (DASA). Offiziell wurde sie am 19. Mai 1989 aus der Taufe gehoben. Unter dem Dach des Daimler-Benz-Konzerns ist hier die gesamte deutsche Luftfahrtindustrie neu strukturiert zusammengeschlossen. Die vorher existierenden Einzelunternehmen bestehen zwar an sich weiter, werden aber nach ihrer Aktivität in verschiedene DASA-Geschäftsbereiche unterteilt. Zwar ist der ehemalige Zivilluftfahrtsektor von MBB vorläufig noch unter dem Namen Deutsche Airbus ausgegliedert, doch hat dies wirtschaftspolitische Gründe. Die neue Struktur soll die deutsche Luftfahrtindustrie schlagkräftiger gegenüber der internationalen Konkurrenz machen, die schon lange aus Großkonzernen besteht.

Ein neues Kapitel der deutschen Luftfahrt wird aufgeschlagen

Für den Luftverkehr bedeutsam war die Wiedervereinigung der beiden Teile Deutschlands. Zwar hatte sich auch in der DDR ein ziviler Luftverkehr entwickelt, aber er machte nur einen Bruchteil des westdeutschen aus. Inlandsluftverkehr gab es in der DDR gar nicht, während in Westdeutschland 1989 über acht Millionen Personen und 242 000 Tonnen Fracht im Inland befördert wurden. Im internationalen Luftverkehr wurden 1989 in der DDR rund 1,6 Millionen Passagiere befördert und 3,3 Milliarden Passagierkilometer geflogen, rund 2,6 Milliarden davon im Liniendienst. In der Bundesrepublik waren es dagegen knapp 24 Millionen Passagiere im Auslandsverkehr und inklusive des Inlandsverkehrs eine Verkehrsleistung von 65,6 Milliarden Personenkilometern sowie 4,31 Milliarden Tonnenkilometern Fracht.

Auch bei der Anzahl der Flugzeuge lohnt sich ein Vergleich: 1988 waren in der Bundesrepublik insgesamt 627 Flugzeuge verschiedener Luftver-

Rückkehr nach Berlin: eine Maschine der Lufthansa, die Boeing 737-300 »Sindelfingen«, auf dem Flughafen Tegel, 2. Oktober 1990.

kehrsgesellschaften zugelassen, im selben Jahr besaß die Interflug als einziges Luftfahrtunternehmen der DDR gerade 43 Flugzeuge.

Noch einige Worte zur Interflug selbst: Am 1. Juli 1955 entstand erst einmal eine recht merkwürdige Situation – sowohl in den westlichen Zonen wie auch in der östlichen existierte eine Deutsche Lufthansa, doch waren die beiden gleichnamigen Unternehmen in keiner Weise miteinander verbunden. Trotz Einspruchs der westlichen Lufthansa, die den Namen ja gekauft hatte, nahm die Ost-Lufthansa 1956 unter diesem Namen und mit dem traditionellen Kranich-Symbol den Flugbetrieb auf. Die Flotte bestand aus rund 25 Iljuschin Il-14, einigen Mehrzweckflugzeugen und Hubschraubern. Im Jahr 1958 gründete die DDR parallel die Interflug als Charter-Airline, die jedoch mit Maschinen und Besatzungen der Ost-Lufthansa flog. Erst nachdem die westliche Lufthansa gegen die DDR-Lufthansa geklagt hatte,

wurde diese 1963 ganz in Interflug umbenannt. Die Interflug war in der DDR mehr als nur eine Fluggesellschaft. Wie auch bei der sowjetischen Aeroflot war unter diesem Dach alles zusammengeschlossen, was mit zivilem Luftverkehr zu tun hatte, angefangen bei der eigentlichen Airline, egal ob Charter oder Linie, über Flughafenverwaltung, Flugsicherung, Werftbetriebe, Bedarfs- und Agrarfliegerei. Die Flotte der Interflug bestand fast ausschließlich aus Flugzeugen sowjetischer Herkunft, Iljuschin Il-62 und Tupolew Tu-134. Inzwischen wurde von der Treuhandanstalt die Liquidation der Interflug in ihrer bisherigen Form beschlossen.

Was für die Interflug das Aus bedeutet, ist für die seit Jahren vom Heimweh geplagte Lufthansa die Erfüllung ihrer kühnsten Träume: die Rückkehr an ihren Heimatflughafen Tempelhof. Die deutsche Vereinigung setzt neue Ziele – ein neues Kapitel der deutschen Luftfahrt beginnt.

Prof. Günther Gottmann (1931), Direktor des Museums für Verkehr und Technik Berlin. Studium der Theologie, Philosophie, Geschichte und Pädagogik, Seelsorge und Schuldienst in Münster. 1968–1972 tätig im Wissenschaftlichen Film in München und in der Entwicklungshilfe. 1972–1980 Direktor im Deutschen Museum München, seit 1980 Aufbau und Leitung des Museums für Verkehr und Technik Berlin.

Helga L. Hillebrand (1961), Redakteurin für Luft- und Raumfahrt. 1983–1985 Volontariat bei der Motor-Presse Stuttgart, anschließend bis 1990 Technik-Redakteurin bei der Fachzeitschrift »Flug Revue«, einjährige Tätigkeit als Redakteur Aktuelles bei »bild der wissenschaft«, seit 1991 Ressortleiterin Technik im Verlag Dr. Neufang für die Fachzeitschriften »aerokurier« und »Luftwaffen-Forum«. 1986 Nachwuchsjournalisten-Preis des Luftfahrt-Presse-Clubs, seit 1989 Korrespondentin der japanischen Luftfahrt-Zeitschrift »Nikkei-Aerospace«, freie Mitarbeit für zahlreiche Publikationen in den USA, in England und Deutschland, Mitarbeit an Luftfahrt-Büchern.

Michael Hundertmark (1950), Bauingenieur und Berufsschullehrer; seit 1988 stellvertretender Leiter der Abteilung Luft- und Raumfahrt des Museums für Verkehr und Technik Berlin. 1985 erschien »Phoenix aus der Asche – die deutsche Luftfahrtsammlung Berlin« (zusammen mit Dr. Holger Steinle).

Dr. Martin Kutz (1939), Dozent für Wirtschafts- und Sozialgeschichte an der Führungsakademie der Bundeswehr, Lehrbeauftragter der Universität Hamburg. Zahlreiche Veröffentlichungen zur deutschen Wirtschaftsgeschichte und zur Sozial-, Bildungs- und Politikgeschichte des Militärs, darunter: »Deutschlands Außenhandel von der Französischen Revolution bis zur Gründung des Zollvereins«, 1974; »Reform und Restauration der Offizierausbildung der Bundeswehr«, 1982 und »Realitätsflucht und Aggression im deutschen Militär«, 1990; Mitherausgeber der »Vierteljahresschrift für Sicherheit und Frieden«.

Günther Ott (1945), Luftverkehrskaufmann; seit 1972 Mitglied in der Arbeitsgemeinschaft Deutsche Luftfahrthistorik (ADL). Zahlreiche Veröffentlichungen zur Luftfahrtgeschichte in Fachzeitschriften.

Hans von Przychowski (1928), freier Luftfahrt- und Reisejournalist. Von 1954 bis 1991 Mitglied der Redaktion des Berliner »Tagesspiegels«, seit 1971 Chef vom Dienst und seit 1984 Mitglied der Redaktionsleitung. Zwei Buchveröffentlichungen über Verkehrsflugzeuge.

Dr. Winfried Ranke (1936), Kunsthistoriker, freier Schriftsteller in Berlin; zahlreiche Veröffentlichungen zur Kunst- und Kulturgeschichte des 19. und 20. Jahrhunderts.

Dr. Dr. Holger Steinle (1948), Wirtschaftsingenieur und Luftfahrthistoriker, Leiter der Abteilung Luft- und Raumfahrt im Museum für Verkehr und Technik, Berlin.

Dr. Michael Waßermann (1941), Naturwissenschaftler. Direktor des Otto Lilienthal Museums in der Geburtsstadt Lilienthals, Anklam (Vorpommern).

Zu Otto Lilienthal:

Lilienthal, Otto: Der Vogelflug als Grundlage der Fliegekunst, Hardenberg Kommunikation, Dortmund 1982. In leicht verständlicher Form berichtet Otto Lilienthal über seine Experimente und deren Ergebnisse. Er stellt sein Konzept zur praktischen Verwirklichung des Menschenflugs vor.

Kopfermann, Klaus (Hg.): Otto Lilienthal. Über meine Flugversuche 1889 – 1896, Klassiker der Technik, VDI Verlag, Düsseldorf 1987/88. Der Enkel Otto Lilienthals unterzog sich der Mühe, heute nicht mehr leicht zugängliche Aufsätze und Manuskripte Otto Lilienthals wieder herauszugeben.

Schwipps, Werner: Lilienthal. Die Biographie des ersten Fliegers, arani-Verlag, Berlin 1979, Aviatik Verlag Peter Pletschacher, 2. neubearbeitete Aufl. 1986

– : Der Mensch fliegt. Lilienthals Flugversuche in historischen Aufnahmen, Bernhard u. Graefe Verlag, Koblenz 1988

– : Lilienthal und die Amerikaner. Beiträge zur Entwicklung der Flugtechnik, R. Oldenbourg Verlag München, Deutsches Museum 1985. Der Nestor der Lilienthal-Biographienforschung legt hier das Ergebnis jahrzehntelanger Forschungen vor. Otto Lilienthal wird als Flugzeugkonstrukteur, Maschinenbauer, Spielzeugerfinder und als Privatmann vorgestellt.

Nietsch, Stefan: Vom Sprung zum Flug, Brandenburgischer Verlag, Berlin 1991. Im Auftrag des Otto Lilienthal Museums baute Stefan Nietsch alle Flugzeuge maßstabgerecht nach. Seine neuen Einsichten und Erkenntnisse über Lilienthals Flugzeugtechnik werden hier beschrieben.

Zur Geschichte der deutschen Luftfahrt:

Anderhub, Andreas / Bennett, Jack O.: Blockade, Luftbrücke und Luftbrückendank. Zur Geschichte der Krise um Berlin 1948/49, in: Berliner Forum 2/1984

Andreas-Friedrich, Ruth: Schauplatz Berlin. Tagebuchaufzeichnungen 1945 – 1948, mit einem Nachwort von Jörg Drews, Frankfurt a.M. 1984

Arnold-Forster, Mark: The Siege of Berlin, London 1979 (dt. Ausg. Berlin/Frankfurt a.M. 1980)

Bennett, Jack O.: 40 000 Stunden am Himmel, Berlin/Frankfurt a.M./Wien 1982

Bölkow, Ludwig (Hg.): Ein Jahrhundert Flugzeuge, VDI Verlag, Düsseldorf 1990. Jubiläumswerk zum Lilienthal-Jahr. Namhafte Autoren beleuchten alle Facetten des Fliegens, von den frühesten Anfängen bis zur heutigen Zeit. Ein umfassendes Werk für jeden, der sich für die Technik hinter der Faszination Fliegen interessiert.

– : 100 Jahre Menschenflug, Stuttgart 1991. Überblick über die historische Entwicklung der Flugzeuge und ihrer Technik, Ausblick auf die Ziele von morgen. Alle Flugzeugkategorien sind einzeln behandelt. Der heutigen Technik ist ein umfangreiches Kapitel gewidmet. Das Buch ist auch für den Nicht-Techniker gut zu verstehen.

Castle, H.G.: Fire over England. The German Air Raids of World War I, London 1982. Penible und minutiöse Darstellung der deutschen Angriffe und deren Wirkung. Unentbehrlich zur Korrektur der deutschen Berichte, die übertriebene Vorstellungen von der Wirkung der deutschen Luftkriegsaktivitäten vermitteln.

Clay, Lucius D.: Entscheidung in Deutschland, Frankfurt a.M. o.J. (1951)

Collier, Richard: Bridge across the Sky. The Berlin Blockade and Airlift, 1948 – 1949, New York / St. Louis / u.a. 1978

Die deutschen Luftstreitkräfte im Weltkrieg. Unter Mitwirkung von 29 Offizieren und Beamten der Heeres- und Marine-Luftfahrt nach amtlichen Quellen hg. v. Georg Paul Neumann (Major a.D.), Berlin 1920. Sehr detaillierter Überblick über die Militärluftfahrt aus der Sicht der Kriegsteilnehmer, mit vielen wichtigen Details und gutem Bildmaterial.

Douhet, Giulio: Luftherrschaft (Il dominio dell'aria), Berlin 1935. Das Schlüsselwerk der Luftkriegstheorie, auf das sich alle späteren theoretischen Werke direkt oder indirekt beziehen. Eine sehr eingängige und gut verständliche Darstellung theoretischer Grundlagen der Luftkriegführung aus der Erfahrung des 1. Weltkriegs.

Eine Million Flugkilometer. Deutsche Luft-Reederei, Berlin 1920

Grochler, Olaf: Geschichte des Luftkrieges 1920 bis 1970, Militärverlag der DDR, Berlin 1975.
Eine geschlossene Darstellung, guter Überblick für denjenigen, den SED-Ideologie im Text nicht stört. Viel Bildmaterial, Tabellen. In allen technischen und Zahlenangaben zuverlässig.

Gsell, Robert: 25 Jahre Luftkutscher, Erlenbach 1936

Gunston, Bill: The Jet Age, Willmer Brothers Ltd., London 1971. Fachbuch über die Entwicklung der Luftfahrt seit der Erfindung des Strahltriebwerks; Auswirkungen dieser Technik auf den Flugzeugbau.

Hackenberger, Willi: Die alten Adler. Pioniere der deutschen Luftfahrt, München 1960. Ein sehr persönlich gefärbtes Buch über die Anfänge der Fliegerei und über Piloten, überwiegend der Zeit vor 1914. Reich illustriert.

Hirth, Hellmuth: 20 000 km im Luftmeer, Berlin 1913

Homze, Edward L.: Arming the Luftwaffe. The Reich Air Ministry and the German Aircraft Industry 1919–1939, Lincoln and London 1976. Eine sehr detaillierte Studie über geheime Rüstungsbestrebungen vor 1933, nach 1933 und die Aufrüstung bis zum Beginn des 2. Weltkriegs.

Hundertmark, Michael / Steinle, Holger: Phönix aus der Asche – Die Deutsche Luftfahrtsammlung Berlin, Silberstreif-Verlag, Berlin 1985

Jackson, Robert: The Berlin Airlift, Wellingborough 1988

Jahrbuch für Luftverkehr 1924, München 1924

Jahrbuch für Luftfahrt 1928, München 1928

Keiderling, Gerhard: Die Berliner Krise 1948/49. Zur imperialistischen Strategie des Kalten Krieges gegen den Sozialismus und der Spaltung Deutschlands, Berlin/DDR 1982

Krieger, Wolfgang: General Lucius D. Clay und die amerikanische Deutschlandpolitik 1945 – 1949, Stuttgart 1987

Krzyzan, Marian / Steinle, Holger: Die Jeannin-Stahltaube, Herfort 1989

Lange, Bruno: Typenhandbuch der Deutschen Luftfahrttechnik, Koblenz 1986

Leiwig, Heinz: Deutschland Stunde Null. Historische Luftaufnahmen 1945, Stuttgart 1987. Damit man sich eine Vorstellung von den Zerstörungen des 2. Weltkriegs machen kann.

Meyer, G.: Verkehrsflieger berichten. Berlin 1931

Die Militärluftfahrt bis zum Beginn des Weltkrieges 1914. Mehrere Bände, Berlin 1941 unter der Leitung von Oberst Dr. Kamp erstellt in der kriegswissenschaftlichen Abteilung der Luftwaffe. Eine bis ins kleinste Detail gehende Darstellung der Entwicklung vor dem Weltkrieg, unverzichtbar, weil die Dokumente, auf denen die Darstellung beruht, im Krieg zerstört wurden. Sehr zuverlässig, soweit das im Nachhinein ohne die Archivbestände überprüfbar ist (trotz Erstellung in der NS-Zeit). Neu hg. vom Militärgeschichtlichen Forschungsamt, Frankfurt 1965/66.

Monday, David: Illustrierte Geschichte der Luftfahrt, aus dem Englischen, München 1980 (engl. Orig.: The International Encyclopedia of Aviation, London 1977). Ein sehr schön mit Farbfotos ausgestatteter Band, der alle Bereiche der Luftfahrt berücksichtigt, Militärluftfahrt und Luftkrieg spielen aber eine untergeordnete Rolle.

Ott, Günther: Die letzten Verkehrsflüge der alten Lufthansa, in: Luftfahrt International 5/80, Herford 1980

Prell, Uwe / Wilder, Lothar (Hg.): Berlin-Blockade und Luftbrücke 1948/49. Analyse und Dokumentation, Berlin 1987

Proctor, Raymond L.: Hitlers Luftwaffe in the Spanish Civil War, Westport und London 1983. Eine detaillierte Geschichte des Luftkriegs in Spanien 1936-1939.

Ruge, Hans Georg: Das Zugangsrecht der Westmächte auf dem Luftwege nach Berlin, Verlag Duncker & Humblot, Berlin 1968

Schack von Wittenau, Siegfried Graf: Pionierflüge eines Lufthansa-Kapitäns, Motorbuch Verlag, 1. Aufl. Stuttgart 1981. Der Verfasser gehört zu den großen Pionieren der zivilen Luftfahrt. In diesem Buch verbindet er hochinteressante technische Details aus der Pionierzeit der Verkehrsfliegerei mit einer lebendigen und spannenden Darstellung seiner Erlebnisse.

Schaerowitz, Ernst: Drei Jahre deutschen Flugsports!, Berlin 1913

Scherff, Klaus: Luftbrücke Berlin. Die Dokumentation des größten Lufttransportunternehmens aller Zeiten, Stuttgart 1976

Schmitt, Günther: Als die Oldtimer flogen, Berlin 1980

Schriftenreihe zur Berliner Zeitgeschichte, hg. im Auftrag des Senats von Berlin, Band III: Berlin. Ringen um Einheit und Wiederaufbau 1948 – 1951, Berlin 1962; Band IV: Berlin. Quellen und Dokumente 1945 – 1951, 1. und 2. Halbband, Berlin 1964

Schwipps, Werner: Riesenzigarren und Fliegende Kisten, Berlin 1984

Spick, Mike: Taktik und Technik im Luftkampf (engl. Orig.: Fighter Pilot Tactics), Stuttgart 1984. Eine sehr anschauliche Darstellung der Entwicklung der Jagdfliegertaktiken.

Stiftung »Luftbrückendank« (Hg.): Blockade und Luftbrücke. Legende oder Lehrstück? Die Berlin-Krise von 1948/49 und ihre Folgen; Katalog zur gleichnamigen Wanderausstellung, Berlin 1988

Supf, Peter: Das Buch der deutschen Fluggeschichte, Stuttgart 1958

Tschudi, Georg von: Aus 34 Jahren Luftfahrt, Berlin 1928

Verrier, Anthony: Bomberoffensive gegen Deutschland 1939 – 1945 (engl. Orig.: The Bomber Offensive), Frankfurt 1970. Gute und faire Übersicht über alle wesentlichen Aspekte des Bombenkriegs aus alliierter Sicht.

Vierteljahreshefte Flugplatz Johannisthal, 1912–1914

Völker, Karl-Heinz: Die deutsche Luftwaffe 1933 – 1939. Aufbau, Führung und Rüstung der Luftwaffe sowie die Entwicklung der deutschen Luftkriegstheorie, Stuttgart 1967. Das ältere westdeutsche Standardwerk aus dem Militärgeschichtlichen Forschungsamt in Freiburg/Brsg.

10 Jahre Deutsche Lufthansa, Berlin 1936

Die *kursiv* gesetzten Seitenzahlen
beziehen sich auf Abbildungen.